Walter E. Keller

Archäologische Wanderungen

Band 3: oberes Altmühltal
Fränkisches Seenland

Das Neue Fränkische Seenland

NATURPARK ALTMÜHLTAL

Verlag Walter E. Keller

Walter E. Keller ist Journalist, Sachbuchautor und Verleger in Treuchtlingen. Er hat zahlreiche Standardwerke über den Naturpark Altmühltal und das Fränkische Seenland veröffentlicht.

Die Deutsche Bibliothek – CIP-Einheitsaufnahme

Archäologische Wanderungen / Walter E. Keller. [Naturpark Altmühltal]. – Treuchtlingen : Keller.
(Reihe gelbe Taschenbuch-Führer)
Bd. 1 verf. von Ingrid Burger-Segl
NE: Burger-Segl, Ingrid; Keller Walter E.
Bd. 3. Oberes Altmühltal und Fränkisches Seenland. – 1993
ISBN 3-924828-58-X

Abbildungen: Keller Titel (Burgstall Spielberg), S. 8 o., 13, 16 o., 23 o., 25 o., 29, 33, 36 o., 44, 46 u., 49, 60, 70, 73 o., S. 76 o., S. 85, S. 90 o.; nach Bayer. Landesamt f. Denkmalpflege S. 6, 23 u., 42, 52 u., 63 o., 68 u., 76 u., 80, 82, 87, 90 u.; Mang S. 9 o., 40, 68 o.; Schußmann S. 8 u., 9 u.; nach K. Böhner: S. 63 u., 73 u.; nach W. Menghin S. 11; Eigler S. 16 u.; nach Milojcic S. 25 u.; nach E. Patzelt/H. Kraus S. 36 u.; nach F. Willax, S. 46 o.; nach F. R. Herrmann S. 52 o.; Lkr. Donauwörth (E. Bäcker) S. 93.
S. 20 (Kartengrundlage: Topographische Karte 1 : 50 000, Blatt UK L 15 Neues Fränkisches Seenland – Naturpark Altmühltal, westlicher Teil; Wiedergabe mit Genehmigung des Bayerischen Landesvermessungsamtes München, Nr 3440/93)

Lithos: e + r Repro GmbH, Donauwörth
Druck: W. Lühker GmbH, Weißenburg
Printed in Germany – 1.-3. Tausend

Inhalt

Vorwort 5

Altmühlfranken in der Vergangenheit 7

Zeittabelle 14

ARCHÄOLOGISCHE WANDERZIELE

1 Burgstall „Schloßberg" bei Marxheim 15

2 Burgruine Graisbach 17

3 Galgen von Tagmersheim 18

4 Archäologischer Wanderweg um Monheim 19

5 Solabasilika in Solnhofen 24

6 Burgstall „Alte Bürg" bei Pappenheim 28

7 Alte Reichsstraße südlich von Dietfurt 30

8 Viereckschanze über Dietfurt 31

9 Burgstall und Abschnittsbefestigung Weinberg Treuchtlingen 32

10 Obere Veste Treuchtlingen 35

11 Befestigung auf dem Viersteinberg bei Wettelsheim 37

12 Karlsgraben in Graben 39

13 Felsschutzdächer bei Schambach 43

14 Sternschanze bei Dettenheim 45

15 Grabhügelfeld bei Heuberg 47

16 Mittelalterliches Weißenburg – Ellinger Tor 48

17 „Alte Bürg" bei Weißenburg 51

18 „Schloßberg" und Wallanlagen auf dem Flüglinger Berg 53

19 Keltenschanze bei Pleinfeld 54

20 Burgstall Geyern 55

21 Burgstall Neuhaus 57

22 Erzgrube Pfraunfeld 57
23 Ruine Bechthal 59
24 Burgstall bei Thannhausen 61
25 Burgstall bei Pfofeld 62
26 Burgstall Gunzenhausen 64
27 Keltenschanze bei Steinacker 65
28 Burgstall Spielberg 65
29 Wallanlage bei Sammenheim 66
30 Siedlungsschwerpunkt Gelbe Bürg 67
31 Zwei Burgställe von Wolfsbronn 69
32 „Steinhaus“ bei Markt Berolzheim 72
33 Bergwerk und Burgruine auf dem Rechenberg bei Ostheim 74
34 Burgstall und Grabhügelfeld „Auwald“ sowie Grabhügelfeld „Lachwald“ bei Westheim 77
35 Wallanlagen von Hohentrüdingen 79
36 Schloßberg bei Hechlingen 81
37 Kapellenruine auf dem Ulberg 83
38 Grabhügelfeld bei Döckingen 84
39 Burgstall Trendel 86
40 Wallanlage auf dem Ziegelberg bei Wemding 87
41 Keltenwall auf dem Burgberg bei Heroldingen 89
42 Wellwarth-Felsen bei Harburg 91
43 Archäologisches Museum Donauwörth 92
Literatur 94

Vorwort

Der Naturpark „Altmühltal – Südliche Frankenalb" umfaßt eine der schönsten und geschichtsträchtigsten Kulturlandschaften Deutschlands; viele Bauwerke und Kulturhinterlassenschaften unserer Vorfahren sind hier erhalten geblieben. Als obertägig sichtbare Bodendenkmäler unterliegen sie dem Bayerischen Denkmalschutzgesetz, dessen Hauptanliegen der Erhalt und die Pflege der unwiederbringlichen Geschichtsquellen aus schriftloser Zeit sind.

Die Beschreibung der Wege zu den manchmal versteckt liegenden Bodendenkmälern soll nicht dazu führen, daß sie durch unsachgemäße Raubgrabungen noch stärker beschädigt werden, als dies teilweise schon um die Jahrhundertwende geschah. Dieser Taschenbuch-Führer will vielmehr den historisch Interessierten ein Gefühl der Achtung für die Kultur früherer Menschen vermitteln. Jegliche nicht von den zuständigen staatlichen Stellen autorisierte Grabung an Bodendenkmälern ist verboten und wird bestraft.

Zum Auffinden der archäologischen Wanderziele ist trotz der Wegbeschreibung die Benützung der Wanderkarte „Neues Fränkisches Seenland – Naturpark Altmühltal, Westlicher Teil" im Maßstab 1 : 50 000 sehr hilfreich, da dort die meisten obertägigen Bodendenkmäler und die markierten Wanderwege eingezeichnet sind.

Wie auch in den Bänden 1 und 2 der „Archäologischen Wanderungen", die das untere bzw. das mittlere Altmühltal zum Thema haben, bleibt auch im Band 3 die Epoche der römischen Herrschaft mit ihren eindrucksvollen Zeugnissen unberücksichtigt. Sie sind im Taschenbuchführer aus der gleichen Reihe „Die Römer am Limes – von der Ostalb bis zur Donau" beschrieben. Die beiden ersten Bände befassen sich in ihrem allgemeinen Teil „Das Altmühltal einst und heute" und „Lebensraum Altmühltal" ausführlicher als der vorliegende Titel mit der Entstehung der Bodendenkmäler und der Geschichte der Menschen von der Altsteinzeit bis ins Mittelalter im heutigen Naturpark Altmühltal.

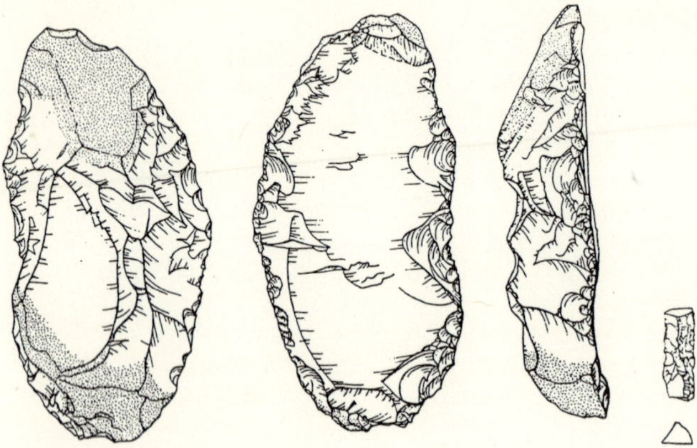

Altsteinzeitliche Schaber und Rückenmesserchen (Flur Markt Berolzheim)

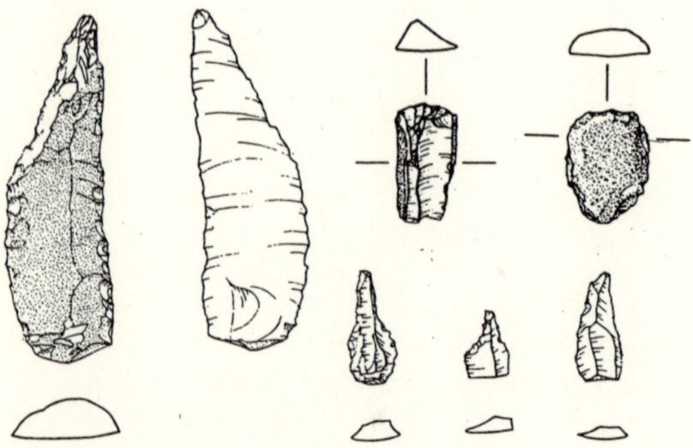

Jungsteinzeitliche Werkzeuge (gefunden zwischen Markt Berolzheim und Wettelsheim)

Altmühlfranken in der Vergangenheit

Die Archäologischen Wanderungen im oberen Altmühltal, im Hahnenkamm, in der Monheimer Alb und im Fränkischen Seenland erschließen eine Landschaft, die sich durch die Vielfalt ihrer historischen Zeugnisse auszeichnet. Das Gebiet im westlichen Teil des Naturparks „Altmühltal – Südliche Frankenalb" reicht im Osten bis an die Grenzen der Landkreise Eichstätt und Roth, im Süden bis zur Donau und reicht im Norden und Westen in das Fränkische Seenland und ans Ries. Kerngebiet ist der Landkreis Weißenburg-Gunzenhausen. Für diesen Bereich ist auch der kulturgeographische Begriff „Altmühlfranken" eingeführt.

Das Bild der hier vorgestellten Landschaft wird durch die drei geologischen Stufen des fränkisch-schwäbischen Schichtstufenlandes geprägt. Die Albhochflächen, bestimmt vom Weißjura, wurden erst seit dem Mittelalter besiedelt. Die Täler von Wörnitz, Altmühl und Schwäbischer Rezat mit ihren Schwarzjuraböden sowie das Keupervorland der Alb im Norden boten sich zu allen Zeiten als Siedlungsraum an. Der hügelige Braunjurarand der Albhochfläche sowie einzelstehende Berge wurden seit der Bronzezeit von Menschen zu ihrem Schutz aufgesucht.

Viele Geländedenkmale wurden in den siebziger und achtziger Jahren des 20. Jahrhunderts durch die Luftbildarchäologie aufgespürt und sind – ebenso wie archäologisch untersuchte und danach überbaute Areale – für Wanderer nicht sichtbar. Andere, vor allem seit langem bekannte Wehr- und Wallanlagen, konnten noch nicht untersucht und zeitlich eingeordnet werden.

Das Altmühltal und die Südliche Frankenalb gehörten während der Kaltzeiten zu der eisfreien Zone zwischen den Alpen im Süden und den skandinavischen Gletschern im Norden. So lebten hier auch in den Eiszeiten Menschen; sie streiften in Gruppen umher und lagerten an wechselnden Plätzen, häufig in freiem Gelände. Anders als im unteren Altmühltal fehlen am Oberlauf des Flusses die Höhlen an den Talhängen, die von steinzeitlichen Menschen gerne aufgesucht wurden. Allein im Scham-

Hallstattzeitlicher Grabhügel, freigelegt bei Schambach, und zeichnerische Rekonstruktion

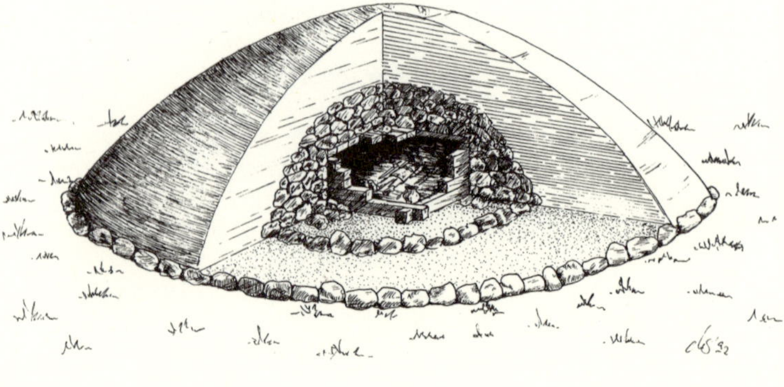

Keltische Viereckschanze aus der Luft und als Modell

bachtal fand man an einer Gruppe von Felsschutzdächern (Abris) Spuren steinzeitlicher menschlicher Anwesenheit (siehe 13).

In der Jungsteinzeit, als Ackerbau und Viehhaltung das bisherige Jagen und Sammeln ablösten, wurden die Täler von Altmühl und Schwäbischer Rezat besiedelt. Funde aus der Zeit der Stichbandkeramik sowie der Rössener Kultur stammen vor allem aus Orten flußabwärts von Gunzenhausen. Eine relativ große Siedlung bestand im 4. Jahrtausend v. Chr. beim heutigen Dittenheim.

In die folgende Frühbronzezeit wird eines der ältesten Flachgräberfelder Altmühlfrankens bei Wettelsheim datiert; es wurde 1983 untersucht. Häufiger erhalten und auch heute noch sichtbar sind die Grabhügel der nach dieser Bestattungssitte benannten Hügelgräber-Bronzezeit. Sie liegen durchwegs auf den bewaldeten Albhochflächen bzw. an deren Rändern. Noch stärker vertreten sind allerdings die Grabhügel der übernächsten Epoche, der Hallstattzeit. Sie finden sich an gleichen Standorten wie die bronzezeitlichen Hügel sowie in den Tälern, dort meist in sehr verflachtem Zustand. So ziehen sich Hallstattzeit-Gräber entlang der Altmühl zwischen Dittenheim und Markt Berolzheim, die nur bei Hochwasser sichtbar werden. Einen Siedlungsschwerpunkt stellte in jener Zeit die Gelbe Bürg (30) dar, die allerdings auch schon in der Bronzezeit bewohnt war.

Keltische Wohnbezirke aus der Latènezeit konnten im Westteil des Naturparks Altmühltal bislang nur am Riesrand nachgewiesen werden (41); vermutet wird eine spätkeltische Siedlung am südlichen Ortsrand von Markt Berolzheim. Jedoch finden sich mancherorts, häufig im Wald und in der Regel nahe von Gewässern, keltische „Viereckschanzen". Sie sind als Kultanlagen zu deuten; oft ist noch die Lage des Schachts, in dem Opfer versenkt wurden, zu lokalisieren. Einen Schwerpunkt keltischer Bodendenkmäler weist die Monheimer Alb auf; ein im Ausbau befindlicher Archäologischer Wanderweg (4) führt allein zu vier ehemaligen Tempelbezirken und ebenso vielen Grabhügelgruppen.

Friedhof aus der Merowingerzeit bei Westheim >

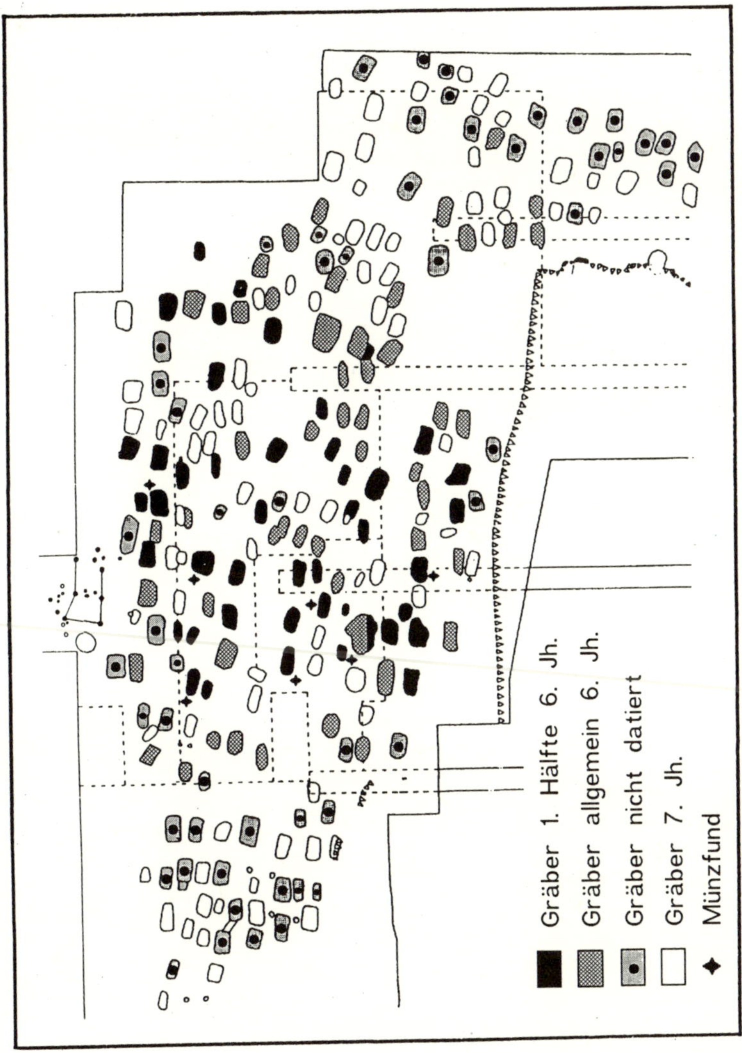

Gräber 1. Hälfte 6. Jh.
Gräber allgemein 6. Jh.
Gräber nicht datiert
Gräber 7. Jh.
Münzfund

Nach der rund 170 Jahre währenden Römerherrschaft über das Gebiet südlich des Limes – der das hier beschriebenen Gebiet von Raitenbuch bis Ellingen in nordwestliche und dann bis Gunzenhausen in westliche Richtung durchzog – siedelten sich Alamannen an. Ein Zentrum war auch für sie wiederum die Gelbe Bürg. Von anderen, zweifellos vorhandenen alamannischen Siedlungen wurde bisher nur die bei Schambach gelegene ergraben. Dabei untersuchte man auch den Friedhof aus der Mitte des 5. Jahrhunderts n. Chr.
Im 6. Jahrhundert änderte sich das Bestattungsbrauchtum erneut, die Toten wurden nun in Reihengräberfeldern beigesetzt. Viele davon wurden bei Baumaßnahmen innerhalb heutiger Siedlungen entdeckt. Vollständig untersucht wurde ein großer, rund 250 Gräber umfassender Friedhof aus der Merowingerzeit bei Westheim, andere ebenso große Reihengräberfelder liegen in Weißenburg und bei Dittenheim.
Aus dem 7. und 8. Jahrhundert stammen dann zwei Besonderheiten in der historischen Landschaft des hier beschriebenen Bereichs: der frühe Kirchbau in Husen, dem nachmaligen Solnhofen (5), und die „Fossa Carolina", der Karlsgraben (12). Neben den zahlreichen römischen Relikten – ihnen ist ein eigener Band dieser Reihe gewidmet – in Altmühlfranken und dem angrenzenden Schwaben fallen hier besonders die vielen Burgställe und anderen Überreste der „festen Häuser" hervorgehobener Familien auf. Häufig leiten diese Höhen- und Niederungsburgen vom Mittelalter in die Neuzeit über. Und auch aus dieser jüngeren Vergangenheit gibt es noch Archäologisches zu entdecken wie die Verteidigungslinie aus dem Spanischen Erbfolgekrieg bei Dettenheim (14), ein Stück der alten Reichsstraße Nürnberg-Augsburg (7), die Reste eines Galgens bei Tagmersheim (3) oder aufgelassene Erzbergwerke des 19. Jahrhunderts auf der Jurahochfläche und im Hahnenkamm (22, 33).

Bronzezeitliches Vorratsgefäß aus Wettelsheim

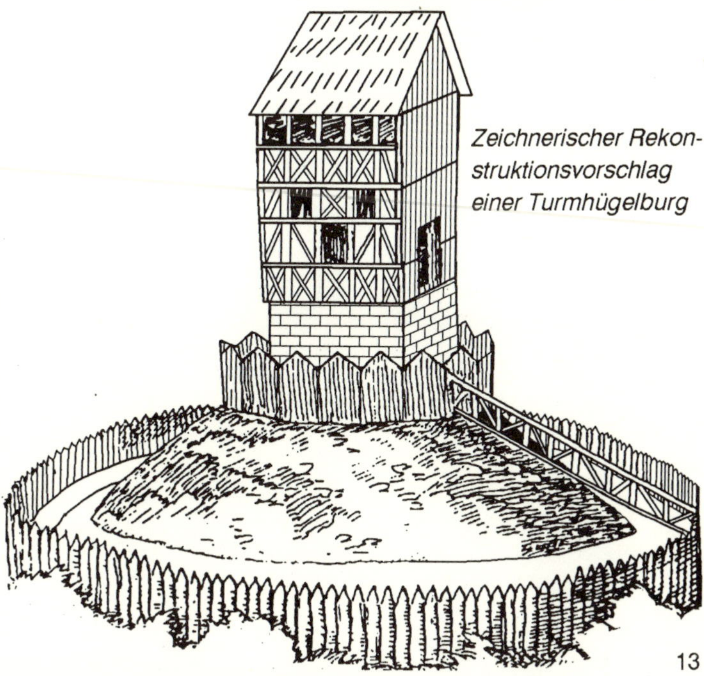

Zeichnerischer Rekonstruktionsvorschlag einer Turmhügelburg

Zeittabelle zur Vor- und Frühgeschichte

Altsteinzeit (Paläolithikum)	80 000 v. Chr.	Mittelpaläolithikum:	Micoquien Moustérien Präsolutréen
	35 000 v. Chr.	Jungpaläolithikum:	Aurignacien Gravettien Magdalénien
Mittelsteinzeit (Mesolithikum)	8 000 v. Chr.		
Jungsteinzeit (Neolithikum)	5 500 v. Chr.	Frühneolithikum:	Linienbandkeramik Stichbandkeramik Oberlauterbach Rössen
	4 500 v. Chr.	Mittelneolithikum:	Münchshöfen
	3 800 v. Chr.	Jungneolithikum:	Altheim
	3 200 v. Chr.	Endneolithikum:	Cham Schnurkeramik Glockenbecher
Bronzezeit	2 300 v. Chr.	Frühe Bronzezeit:	Straubing
	1 600 v. Chr.	Mittlere Bronzezeit:	Hügelgräber
	1 200 v. Chr.	Späte Bronzezeit:	Urnenfelder
Eisenzeit (Kelten)	750 v. Chr.	Frühe Eisenzeit:	Hallstatt
	450 v. Chr.	Späte Eisenzeit:	Frühlatène Mittellatène Spätlatène
Römische Kaiserzeit	15 v. Chr.		
Frühes Mittelalter	480 n. Chr.	Merowingerzeit	Bajuwaren
	700 n. Chr.	Karolingerzeit	
	900 n. Chr.	Ottonen und Salier	

Archäologische Wanderziele

1 BURGSTALL „SCHLOSSBERG“ BEI MARXHEIM

Von der Straße Donauwörth-Rennertshofen zwischen Lechsend und Marxheim etwas östlich einer Feldkapelle auf der gegenüberliegenden Seite nach Süden in einen Feldweg fahren, an der Abzweigung rechts halten. Am Ende des Wegs liegt der ausgedehnte Burgstall der Stammburg der Grafen von Lechsgemünd-Graisbach.

Etwa einen Kilometer südwestlich von Marxheim erbaute Graf Berchtold von Lechsgemünd seinen Stammsitz auf einem Steilabfall zur Donau im Mündungsbereich des Lechs. Heute überragt der „Schloßberg“ nurmehr ein Altwasser.
Urkundlich erwähnt wurde die Burg der Grafen von Lechsgemünd vor 1038. Unweit des Burgstalls liegt der Weiler Bruck, so benannt nach der Brücke, die wahrscheinlich im 13. Jahrhundert von den Grafen von Lechsgemünd über die Donau geschlagen wurde. Sie erhoben Zoll für alle Waren, die über diese Brücke oder auch auf dem Wasserweg befördert wurden. Das mißfiel dem Rat der Reichsstadt Regensburg; sie sandten schon 1248 eine Streitmacht donauaufwärts und brannten die Burg der Lechsgemünder nieder, weil diese „die Donau abgesperrt hatten“.
Der große Burgstall wurde bislang noch nicht vermessen. Allein vom Bergfried sind noch geringe Mauerreste sichtbar. Nach Norden ist der Bergsporn durch einen tiefen Halsgraben von der Hochfläche getrennt.
Im 16. Jahrhundert entdeckte man im Bereich des Burgstalls einen Grabstein aus römischer Zeit, der im Mittelalter als solcher wiederverwendet wurde. Johann Thurmair, genannt Aventin, hat die Inschrift überliefert; der Stein selbst gelangte nach Ingolstadt und ist verschollen.

Hinweis: In Lechsend befand sich eine noch ältere Befestigung, die wohl auf das gleiche Geschlecht zurückgeht. Südlich der Straße Donauwört-Marxheim beschreibt die Dorfstraße einen Bogen um die einstigen Wälle. Vom Bergsporn zur Donau hin bietet sich ein weiter Blick nach Süden; im Norden, an der Straße, kann man noch die früheren Mauern erahnen.

Burgstall „Schloßberg“ bei Marxheim

Burgruine Graisbach aus der Luft

St.-Wolfgangs-Kapelle bei Übersfeld: Von Marxheim aus nach Norden der Straße nach Gansheim folgen, von dort weiter Richtung Tagmersheim nach Übersfeld. Den Ort mit dem Wanderweg 9 nach Norden verlassen. Oberhalb von Übersfeld zweigt ein Weg nach links (Westen) ab und führt zur Kapellenruine. Das Kirchlein wurde im 14. Jahrhundert erbaut und ab 1542 – als Herzog Ottheinrich von Pfalz-Neuburg die Reformation einführte – dem Verfall preisgegeben. Es war einst ein vielbesuchtes Wallfahrtsziel.
Sehenswert: Schloß Leitheim über dem Mündungsgebiet des Lechs in die Donau, erbaut als Sommerresidenz der Äbte von Kaisheim, im Besitz des Barons von Tucher. Führungen dienstags bis freitags 10.30 und 14.30 Uhr, Gruppen auch nach Vereinbarung, Tel. (0906) 23430

2 BURGRUINE GRAISBACH

Von der Straße Donauwörth-Rennertshofen nach Graisbach einbiegen; nordwestlich oberhalb des Dorfkerns liegt die Ruine; geöffnet April bis Oktober samstags und sonntags 14–17 Uhr, sonst nach Vereinbarung, Tel. Jäschke (09007) 438

Die Burg wurde ursprünglich von einer Familie Greifsbach (Graifisbach) erbaut, die 1130 erstmals urkundlich erwähnt wurde. Ihre Angehörigen waren Ministerialen der Eichstätter Bischöfe und der Grafen von Lechsgemünd. Nach der Zerstörung von deren Burg (siehe 1) nahmen die Grafen von Lechsgemünd hier Wohnung und nannten sich fortan Lechsgemünd-Graisbach. Die Grafen von Graisbach waren gleichzeitig Gaugrafen des alten fränkischen Sualafeldgaus. Nach dem Aussterben der männlichen Linie 1327 fand ein häufiger Wechsel der Burgbesitzer statt. Von 1502 bis 1808 gehörte die Burg zum Fürstentum Pfalz-Neuburg. Bis 1523 war sie Sitz des Landgerichts Graisbach, dann bis 1750 Kastenamt. 1931 erwarb der Landkreis Donauwörth – heute Donau-Ries – die Ruine. Zuvor wurden die baufälligen Gebäude, die bereits im 18. Jahrhundert Steine für eine Brücke in Neuburg an der Donau liefern mußten, weiter abgebrochen. 1965 konservierte man die noch vorhandene Bausubstanz. Der älteste Teil der Anlage ist die Schloßkapelle St.

Pankratius aus dem 12. Jahrhundert, die ursprünglichen Wohngebäude wurden im 15. Jahrhundert zerstört.
Am Ostrand des überhöhten Plateaus – dem Kern der Burganlage –, befanden sich Bergfried und Pallas. Die drei anderen Seiten waren von der geräumigen Vorburg umschlossen. Dazu zählt auch die gut erhaltene Kapelle mit den Reliefdarstellungen Kreuz, Schwurhand und zwei Drachen am Nordportal.
Die Burgkapelle steht auf der südlichen Umfassungsmauer einer Vorburg, die auf drei Seiten die Kernburg umgibt. Ebenfalls noch erhalten sind das ehemalige Haupttor im Osten sowie im Nordwesten der Ringmauer Reste eines rechteckigen Turms. Südlich unterhalb der eigentlichen Burganlage schloß sich ein ebenfalls ummauerter Garten an.

Hinweis: Vom nördlichen Ortsausgang von Graisbach zum P mit Liegewiese und Schutzhütte fahren bzw. auf dem Rundweg 4 dorthin gehen. Am Waldrand einem Weg nach Nordwesten folgen; wo ein weiterer Feldweg rechtwinklig auf diesen Weg stößt, sind im Wald schwache Spuren einer keltischen Viereckschanze zu erkennen, so die südöstliche Ecke.

3 GALGEN VON TAGMERSHEIM

Tagmersheim ist von Monheim aus Richtung Wellheim zu erreichen. Den Ort in östliche Richtung durch die Bauerngasse verlassen und bis zu einer Kapelle fahren.

Hinter der Kapelle sind unter Linden zwei Fundamente des Galgens von 1641 zu sehen. Er wurde von Hortensio Procco errichtet. Dieser italienische Adelige war seit 1637 im Besitz von Schloß, Burgstall und Dorf Tagmersheim sowie umliegender Dörfer, Güter, der „hohen Jagd" und der Hochgerichtsbarkeit. Die Gerichtsstätte mit den Galgenfundamenten wurde 1967 bei der Flurbereinigung wieder aufgefunden.

Hinweis: Das Schloß – im 19. Jahrhundert umgestaltet – ist weiterhin von einer gräflichen Familie bewohnt. Von der alten Burg, 1523 zerstört, war nur noch ein mit Graben umgebener Burgstall zu sehen. Er ist durch Anlage des Dorfplatzes überbaut worden.

4 ARCHÄOLOGISCHER WANDERWEG UM MONHEIM

Der Archäologische Wanderweg um Monheim führt auf bestehenden Wirtschafts-, Forst- und Wanderwegen, gelegentlich auch auf Straßen vor allem zu keltischen Grabhügeln und Viereckschanzen. Ein stilisiertes Tongefäß aus der Hallstattzeit wurde als Wegmarkierung gewählt. Der Archäologische Wanderweg mit seinen 10 Stationen, dessen Gesamtlänge rund 25 Kilometer beträgt, kann etappenweise erwandert oder als Radrundweg genutzt werden. Auch mit dem Auto kann man die meisten Stationen anfahren bzw. gibt es in ihrer Nähe Parkmöglichkeiten. Nicht befahren werden dürfen gesperrte Wege. In der hier wiedergegebenen Karte sind bestehende Rundwegnummern aufgenommen; die gestrichelten Linien zeigen die empfohlenen Routen für Fahrzeuge.
Ausgangspunkt des Wegs ist Monheim-Ried südlich der Stadt Monheim oder auch der Wanderparkplatz Stütelberg an der Kölburger Straße. Es empfehlen sich ebenso die Wanderparkplätze nördlich Monheims im Osten der Straße nach Weißenburg, der im Norden von Rothenberg, der Bahnhof Otting-Weilheim oder die Ortschaften Weilheim und Flotzheim.
Bis Frühjahr 1993 war ein Teil der Stationen mit Erläuterungstafeln versehen, die übrigen Objekte werden nach und nach beschildert. Auch ist ein Faltblatt mit einer Wegeskizze in Vorbereitung. Angelegt wurde der Weg vom Verein Monheimer Alb.

1. **Ringwall bei Monheim-Ried**: Am südlichen Ortsausgang von Ried nach links abbiegen (Hinweisschild). Unmittelbar nach einem Kruzifix erhebt sich die hohe Mauer eines Ringwalls, „Burg" genannt. Die Befestigungsanlage mißt in ihren größten Ausdehnungen 250 Meter in der Länge und 180 Meter in der Breite. Zumindest die letzte Ausbauphase stammt aus dem Mittelalter, wie Scherbenfunde nahelegen. Erste archäologische Untersuchungen erfolgten an der Nordwestecke der Anlage 1896. Dabei stieß man auf Pfostenschlitz-Mauerwerk. Als Einzelfund wurde eine hallstattzeitliche Bronzefibel entdeckt. Es ist nach wie vor ungewiß, ob sich unter den mittelalterlichen Resten noch ältere Wallanlagen verbergen.

2. **16 Grabhügel in der Flur Weidenstarren**: an einem bewaldeten Südhang über der Gailach zwischen Monheim und Warching.

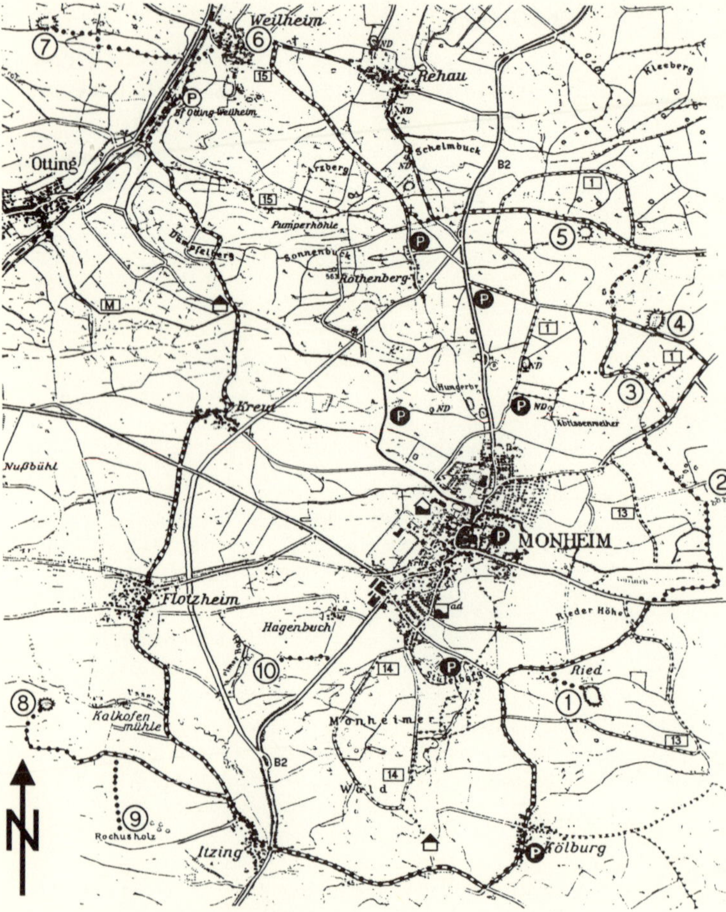

Verlauf des Archäologischen Wanderwegs um Monheim

3. **31 Grabhügel im „Mahdschlag"** im Forst Weidholz zwischen Monheim und Wittesheim: Mehrere der unterschiedlich großen Hügel sind durch die Anlage von Wirtschaftswegen und frühere Ausgrabungen teilweise zerstört. Schon 1793/94 ließ der Abt von Kaisheim einige dieser Hügel aufgraben und die Funde ins Kloster bringen. Dort haben 1796 in Kaisheim einquartierte französische Offiziere einen Teil der Grabfunde mitgenommen. Die Reste kamen im Zuge der Säkularisation in den Besitz des Monheimer Landrichters Graf Johann Adam von Reisach, der auch selbst einige Hügel ausgrub und die Fundgegenstände 1809 an das Antiquariat der Akademie der Wissenschaft in München abgab.

4. **Keltenschanze in der Flur Burggraben**: im Forst Weidholz, wie das Gräberfeld (3) am Rundweg 1 gelegen. Diese trapezförmige Anlage hat Seitenlängen von 95 bis 150 Metern und eine Innenfläche von rund 1,2 Hektar. Die Toranlage befand sich im Osten. Die Erdwälle sind noch gut erhalten, nur der Nordwall ist stark eingefallen und verschliffen.

5. **Keltenschanze in der Flur Schlägle**: an der Strecke zwischen der Bundesstraße 2 und Wittesheim gelegen, in einem Waldstück (jetzt Schonung) nach einer Lichtung auf der rechten Seite. Wall und Graben erkennt man unmittelbar südlich der Straße.

Hinweis: Am südlichen Abschnitt des Rundwegs 15 – zwischen dem Bahnhof Otting-Weilheim und dem Wanderparkplatz nördlich Rothenberg – liegt die Pumperhöhle. Aus dieser Jurakarsthöhle sind keine archäologischen Funde bekannt, sie ist aber geologisch interessant und durch eine Leiter ein Stück weit begehbar gemacht.

6. **Römischer Grabstein** in der Kirche von Weilheim: neben dem Eingang rechts

7. **Keltenschanze bei Otting-Dattenbrunn** in der Flur „Bei den Bibergwiesen": Von Weilheim führt ein Stichweg vom Rundweg 15 in westliche Richtung zu dieser Schanze. Dabei berührt der Weg den südöstlichen Rand eines Waldstücks mit einem kleinen Grabhügelfeld. Der Weg läuft geradeaus weiter auf die Viereckschanze zu. In dichtem Jungfichtenbestand erhebt sich auf

einer Länge von 130 Metern ein recht hoher Wall mit vorgelagertem, sumpfigen Graben. Der schmalrechteckige Grundriß der Schanze läßt darauf schließen, daß es sich ursprünglich um eine Doppelanlage handelte. Heute ist nur noch der kleinere, im Wald gelegene Teil sichtbar, während der größere Teil im nördlich anschließenden Wiesengelände völlig eingeebnet ist. Auch der größte Teil des Ostwalls wurde bei Anlage einer Jungpflanzung zerstört. Die Südostecke blieb jedoch recht eindrucksvoll erhalten.

Hinweis: In Wolferstadt ist im Vorraum der Schule ein „Römerstein" aufgestellt. Er befand sich früher in der Sakristeimauer der Pfarrkirche und zeigt Reliefs einer Frau und eines Ehepaares mit Kind. Oberhalb der Kirche, an einem Feldkreuz, steht der „Sühne-" oder „Mordstein". Er ist rund 500 Jahre alt. In diesem Fall mußte der Täter eine Wallfahrt nach Rom unternehmen, Wachs stiften und das Steinkreuz am Tatort aufstellen.

8. **Keltenschanze zwischen Flotzheim und Fünfstetten**: Auf einer bewaldeten Anhöhe über der Ussel in der Flur Höfle gelegen, Zufahrt von der Straße Flotzheim-Itzing in westliche Richtung bis zum Waldrand möglich. Die Schanze hat abgerundete Ecken; in ihrer Längsausdehnung mißt sie etwa 80 Meter, in Nord-Süd-Richtung im Osten rund 40, im Westen 50 Meter.

Sehenswert: Kirche in Flotzheim mit Befestigung aus dem 15./16. Jahrhundert

9. **16 Grabhügel im Rochusholz** westlich von Itzing: Die Zufahrt ist wie bei der Schanze (8) möglich, der Weg führt dann nach Süden am Waldrand entlang.

10. **18 Grabhügel südwestlich von Monheim-Hagenbuch**: im Osten des Waldstücks „Hagenbüchle" auf einer Anhöhe über dem Monheimer Bach. Hier findet sich ein besonders großer Grabhügel, der auf die hervorgehobene Stellung des in ihm bestatteten Toten schließen läßt.

Hinweis: Der Weg 14 im Monheimer Wald südlich von Monheim führt mit seinem westlichen Abschnitt in der Waldabteilung „Roßkopfschlag" durch ein Grabhügelfeld mit 10 Hügelgräbern.

Ringwall bei Monheim-Ried

Keltische Viereckschanze bei Otting-Dattenbrunn

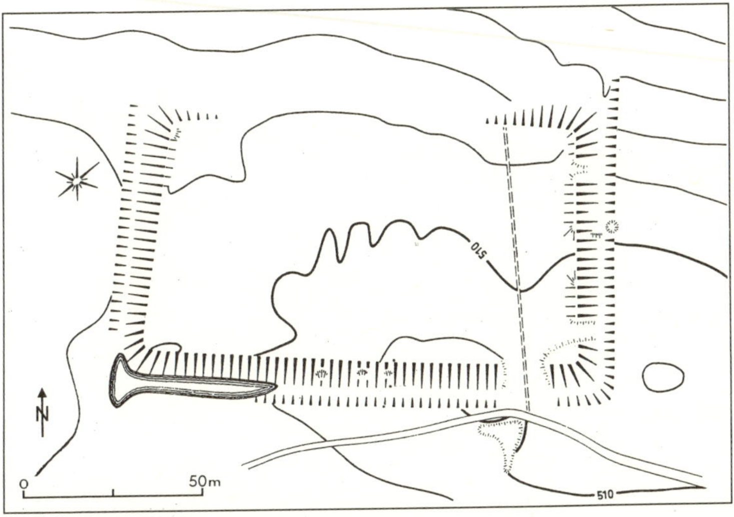

Sehenswert: Die einst ummauerte Innenstadt von Monheim mit zwei Tortürmen; das „Holzapfelhaus“ mit Resten eines romanischen Kreuzgangs des ehemaligen Benediktinerinnenklosters; Museumseisenbahn Monheim-Fünfstetten

5 SOLABASILIKA IN SOLNHOFEN

An der Altmühltalstraße liegt Solnhofen. Jenseits der Altmühl und der Bahnlinie sind am Beginn der Senefelder-Straße auf der rechten Seite einige Parkplätze. Durch ein Tor gelangt man in den Friedhof vor der evangelischen Kirche. Neben ihrem Turm wurden die Reste der „Solabasilika“ und ihrer Vorgängerbauten freigelegt.

Lange ging man davon aus, daß das Gebiet des mittleren und oberen Altmühltals im 8. Jahrhundert christianisiert wurde, und zwar vom Bischofssitz Eichstätt und vom Kloster Heidenheim aus. Das Christentum kam mit irischen und angelsächsischen Missionaren ins Land – hier mit Willibald, der auf Geheiß von Bonifatius 741 der erste Bischof von Eichstätt wurde, und seinen Geschwistern Wunibald (752 Gründer des Klosters Heidenheim) und Walburga, die Wunibalds Werk nach dessen Tod fortsetzte. Mit Bonifatius war auch der Mönch Sola gekommen, lebte zunächst im Kloster Fulda und ging um 760 in die Gegend von Solnhofen, das damals noch den Namen „Husen“ trug. Nach seinem Tod 794 vermachte Sola dem Kloster Fulda seine Zelle und den Ort, den er von Karl dem Großen geschenkt erhalten hatte. Mönche aus Fulda errichteten daraufhin in Solnhofen eine Propstei und bauten vorhandene Gebäude aus. Die Verbindung mit dem Kloster Fulda bestand bis Ende des 15. Jahrhunderts. Die folgenden Besitzer Solnhofens, die Markgrafen von Brandenburg-Ansbach, führten die Reformation ein. Noch bis 1782 diente die „Solabasilika“ als evangelische Gemeindekirche. Beim Bau eines neuen Gotteshauses im sogenannten Markgrafenstil wurden die alten Gebäude teils abgerissen, teils überbaut. Der bestehende Turm aus dem 11. Jahrhundert wurde in den neuen einbezogen.
Erst bei Ausgrabungen in den sechziger und siebziger Jahren des 20. Jahrhunderts entdeckte man, daß Sola im südlichen

Solabasilika in Solnhofen: karolingische Säulenkapitelle und Solagrab sowie Grundrisse aus verschiedenen Bauepochen

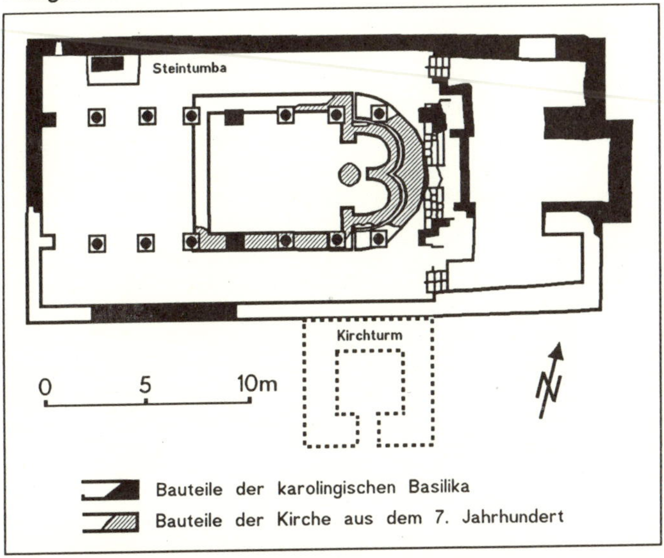

Franken bereits Christen und eine Kirche vorgefunden haben mußte: Die unterste Bauschicht stammt von zwei Bauphasen eines Gotteshauses aus der Zeit vor 700. Nach den Befunden waren die Erbauer Missionare aus dem norditalischen Raum. Urkunden belegen, daß um diese Zeit enge Beziehungen zwischen den baierischen Herrschern und dem Bistum Aquilea bestanden hatten.
Die älteste Kirche war ein rechteckiger Bau von 9,5 mal 7 Metern Grundfläche mit einem nicht ganz nach Osten gerichteten zweiapsidigen Chor. Wenig später wurden die beiden kleinen Apsiden mit einer Mauer umgeben, so daß von außen nur eine einzige Apsis sichtbar blieb. Die Form des Chores beim nächsten Umbau ist nicht bekannt; das Langhaus wurde in östliche Richtung verlängert und eine Chorschranke eingezogen, die nur einen 70 Zentimeter schmalen Zugang zum Chor freiließ. Diese Kirche wurde zerstört. Als Sola in Husen eintraf, fand er deren Ruine vor, die möglicherweise mit hölzernen Bauteilen ausgebessert war. Um 754 wurde ein „Oratorium" von mindestens elf Metern Länge und – wie zuvor – sieben Metern Breite errichtet. Über die Form von Chor und westlichem Abschluß ist nichts bekannt. Reste des Wandputzes lassen auf figürliche, florale und geometrische Fresken in leuchtenden Farben schließen.
Das Kloster Fulda ließ nach Solas Tod eine Saalkirche erbauen; die früheren Seitenwände wurden mit einbezogen, das Kirchenschiff jedoch verlängert. Hinzu kam ein eingezogener rechteckiger Chor. Im Norden entstand ein Nebenraum mit Zugang zum Langhaus. Die ebenfalls karolingische Basilika, die als „Solabasilika" dann die Jahrhunderte überdauern sollte, wurde um 830 als stattlicher Bau errichtet: über 13 Meter breit, fast 29 Meter lang, mit einem Lettner im östlichen Drittel des Langhauses und einem wenig nach außen ragenden, wiederum rechteckigen Chor. Er lag erhöht über einer Krypta. An der Stelle der Längswände früherer Kirchbauten stützten nun zwei Säulenreihen Trennwände zu den beiden Seitenschiffen. Die nördlichen Arkaden sind heute noch zu sehen. Die drei Säulen mit ihren reichverzierten Kapitellen sind Nachbildungen der Originale, die sich im Bayerischen Nationalmuseum in München befinden. Im

nördlichen Seitenschiff ist eine Steintumba an die Wand angebaut, das sogenannte Solagrab. Auch dieses Grabmal hatte viele Bauphasen; die jetzt sichtbare stammt aus der Zeit der Gotik. Ein erstes Podium, mutmaßlich der Platz für einen Schrein, entstand gleichzeitig mit der karolingischen Basilika.
Im 11. Jahrhundert wurde nicht nur ein schlanker Turm errichet, sondern auch die Basilika durch einen dreiteiligen Anbau im Westen erweitert. Der Altarraum wurde mehrfach verändert. Im 16. Jahrhundert verschoben sich die Säulen, weil der Untergrund abgerutscht war. 1734 versuchte man nochmals, die Kirche zu restaurieren. Knapp 50 Jahre später mußten jedoch die östlichen und die südlichen Bauteile wegen Einsturzgefahr abgerissen werden.
Auch die Relikte der Klosteranlagen im Nordwesten der Solabasilika wurden bei den archäologischen Ausgrabungen untersucht. Der Kreuzgang und die entdeckten Gewölbekeller sind nicht zugänglich. Nördlich der Solabasilika besteht noch ein Flügel des ehemaligen Klosters, der in die Gebäude der heutigen „Klosterbäckerei" einbezogen ist. Östlich davon stand einst ein aus Quadern gefügter Turm aus der Zeit um 1200 mit einem Grundriß von neun mal zehn Metern. In dem ummauerten Areal zwischen der heutigen Kirche und dem genannten Klosterflügel fanden sich Siedlungsreste von der Zeit der Kelten – sie betrieben hier Eisenschmelzöfen – über die Römerzeit bis hin zur Epoche des ersten Kirchbaus um 600.

Hinweis: Über dem Eingang des Pfarrhauses, Senefelderstraße 2, ist ein Medaillon eingelassen. Das Porträt auf der Nachbildung eines einst farbig gefaßten Medaillons gab zu vielen Spekulationen über die dargestellte Person Anlaß. Das Original trug die gleichen Farbspuren wie der jüngste Kirchenbau der „Solabasilika"; auch die Art der Farbgebung läßt die Vermutung zu, daß hier ein Herrscher dargestellt ist, vermutlich Kaiser Ludwig der Fromme.
Sehenswert: Bürgermeister-Müller-Museum (Versteinerungen, Lithographie), Tel. (09145) 477, geöffnet 1. April bis 31. Oktober täglich 9–12 und 13–17 Uhr, 1. November bis 31. März sonntags 13–16 Uhr und nach Vereinbarung.

6 BURGSTALL „ALTE BÜRG" BEI PAPPENHEIM

Von der Altmühltalstraße Richtung Solnhofen zum Bahnhof Pappenheim abbiegen; durch die Bahnunterführung nach Niederpappenheim fahren und diesen Stadtteil in Richtung Langenaltheim verlassen. Bei der Firma Dynamit Nobel liegt rechts ein Parkplatz. Oberhalb des P den Wanderweg nach Norden einschlagen, dann in scharfem Knick nach links (Wanderweg 11) den Hang hinauf. Auf halber Höhe wieder nach rechts abzweigen; etwa an der nördlichen Hangkante steil zu einem Felsturm hinaufsteigen.

Wie Bastionen wirken die Felsen an der Nord- und der Südecke des steilabfallenden Osthanges. Sie begrenzen ein Plateau von rund 60 Metern Breite. An seinem südlichen Rand verläuft – etwa 25 Meter vom Ostabfall entfernt – ein Steinwall mit einer Basisbreite von bis zu acht Metern. Nach etwas über 60 Metern knickt er in nördliche Richtung ab und bildet einen Riegel quer über das Bergplateau. Der steinerne Wall wird hier von einem Graben mit Außenwall begleitet und ist noch etwa 2,50 Meter hoch. Rund 20 Meter westlich dieses Walls verläuft parallel ein weiterer, vier Meter breit in den Felsen gehauener Graben. Folgt man nun dem Waldweg, der vom Nordende dieser beiden inneren Wälle in südwestliche Richtung führt, gelangt man nach 130 Metern zu einem äußeren Wall, der ebenfalls annähernd Nord-Süd-Richtung einnimmt. Wo der Weg auf ihn trifft, wird auch der historische Zugang vermutet. Diese westliche Befestigung besteht aus zwei parallel verlaufenden Wällen mit jeweils vorgelegten vier Meter breiten und einem Meter tiefen Gräben. Der innere der beiden Wälle hat sieben Meter Basisbreite und erhebt sich noch 1,7 Meter über den Waldboden, der äußere mit vier Metern Basisbreite ist einen halben Meter hoch.
In der Umgebung der heutigen Stadt Pappenheim ist bereits im 8. Jahrhundert ein Franke namens Germunt und seine vom König erhaltenen Güter beurkundet; die „Alte Bürg" ist sicherlich eine Anlage, die im 7. oder 8. Jahrhundert zum Schutz solcher Güter erbaut wurde.

Hinweis: Nahe der St.-Michaels-Kirche in Niederpappenheim wurden die Reste mittelalterliche Eisenschmelzöfen gefunden, dazu Schlacken, eine Speerspitze und eine Bronzeschnalle.

Alte Reichsstraße bei Neuherberg

Viereckschanze über Dietfurt

Sehenswert: In Pappenheim sind die Burgruine auf dem von der Altmühl umflossenen Bergsporn und die Stadtschlösser der Reichsmarschälle und späteren Grafen von Pappenheim der Besichtigung wert. Burgruine und Burgmuseum mit Bergfried und Tiefem Brunnen sind geöffnet vom 21. März bis 21. Oktober täglich außer montags 10–17 Uhr, sonst für Gruppen nach Vereinbarung, Tel. (09143) 6266, 511.
Die St.-Gallus-Kirche ist Überrest einer Klosteranlage, die das hier begüterte Kloster St. Gallen im 9. Jahrhundert in Pappenheim erbauen ließ (im Friedhof, tagsüber zugänglich).

7 ALTE REICHSSTRASSE SÜDLICH VON DIETFURT

Von der Bundesstraße 2 Weißenburg-Donauwörth südlich von Treuchtlingen (etwa gegenüber der Einfahrt zum Schotterwerk) zunächst rechts (Wegweiser „Gut Hürth"), dann aber sofort nach links abbiegen. Man kann diesem Weg am Rutzenhof und an Neuherberg vorbei bis zur Einmündung der Straße nach Rehlingen 3,5 Kilometer weit folgen, wo man wieder auf die B 2 gelangt.

Die Bundesstraße 2 verläuft auf weiten Strecken auf den alten Trassen von römischen und mittelalterlichen Verkehrswegen. Die Straße Nürnberg-Augsburg war ein Teilstück der Fernhandelsroute, die Nord- und Ostsee mit dem Mittelmeer verband. Viele Änderungen erfuhr die Straße erst in den siebziger und achtziger Jahres des 20. Jahrhunderts; zuvor wurden einige Begradigungen in den Zeiten der Massenarbeitslosigkeit der zwanziger und dreißiger Jahre vorgenommen. Damals wurde auch das hier beschriebene Teilstück für den Durchgangsverkehr stillgelegt. Auf diesem Abschnitt zeigt die ehemalige Reichsstraße noch ihre früheren Dimensionen vom Beginn des 19. Jahrhunderts, als in Bayern „Chausseen" nach französischem Vorbild angelegt wurden.
An dem heutigen Feldweg gelegen sind der Rutzenhof und Neuherberg, im Volksmund „Wödshaisla" – für „Wirtshaus" – genannt. Das frühere Austragshaus des Rutzenhofs ist für die Architektur des Altmühl-Juras typisch: Auf einem gemauerten Untergeschoß sitzt ein niedriges Fachwerk-Obergeschoß; das flachgeneigte Dach ist mit Legschieferplatten gedeckt. Es trägt

im Volksmund den Namen „Lutherhäusle"; es heißt, Martin Luther habe bei seiner Rückkehr vom Reichstag in Augsburg 1518 hier Zuflucht gesucht und es nicht gewagt, in der nahen Poststation Dietfurt zu übernachten.
Neuherberg markiert den nördlichsten Punkt der pfalz-neuburgischen Grenze zum Besitz der Reichsmarschälle von Pappenheim. Sie hatten auch auf diesem Abschnitt zwischen dem „Mauthaus" (an der Bundesstraße 2 nahe der Abzweigung nach Büttelbronn gelegen) und dem Ortseingang der Freien Reichsstadt Weißenburg das Geleitsrecht inne. Neuherberg, Ende des 18. Jahrhunderts errichtet, diente zur Bewirtung und als Herberge der Fuhrleute.

Hinweis: Beim Ausbau der neuen Fernstraße durch das sogenannte Hungerbachtal 1935/36 unterhalb des „Rutzenbucks" wurde im damaligen Waldgebiet ein großes vorgeschichtliches Gräberfeld durchschnitten. Von den rund 30 Grabhügeln bargen einige Skelette, Tonscherben, Schmuck und Waffen aus der mittleren und jüngeren Bronzezeit. Daher vermutet man einen Siedlungsplatz auf der Anhöhe.
Im nahen Dietfurt erinnern neben dem Ortsnamen noch das 1787 neu erbaute Zollhaus und das Gasthaus „Zur Post" an die wichtige Altmühlfurt, über die seit dem Beginn des 16. Jahrhunderts eine Brücke führt.

8 VIERECKSCHANZE ÜBER DIETFURT

Entweder in Dietfurt, an der Bundesstraße 2 gelegen, im östlichen Teil des Dorfes Richtung Bergnershof bzw. Sportplatz oder von der Straße Bundesstraße 2-Osterdorf-Pappenheim aus ebenfalls Richtung Sportplatz; an der Weggabelung nach Süden (P am Wegrand). An einer weiteren Weggabelung den rechten Weg wählen; etwa 350 Meter bis zur Schanze rechts des Wegs im Wald.

Die Viereckschanze ist annähernd quadratisch mit einer Seitenlänge von rund 20 Metern und überhöhten Ecken. Der Zugang befindet sich im Osten. Hier ist der Graben vor dem aufgeschütteten Wall nicht so markant wie an den anderen drei Seiten, wo zwischen der Grabensohle und der Wallkrone ein Höhenunterschied von bis zu drei Metern besteht. Besonders steil fällt der

Wall zum Abhang im Westen hin ab. In der Nordwestecke ist eine Vertiefung zu erkennen. Verschiedentlich wird diese Viereckschanze trotz ihrer geringen Größe als keltisch angesehen. Untersuchungen gibt es bislang nicht.

Hinweis: Nördlich des Bergnershofs, am nach Osten gerichteten Waldrand, markiert im Verlauf des Wanderwegs 4 eine ringförmige Bruchsteinmauer den einstigen Standort des „Geleitsgalgens". Seit dem 14. Jahrhundertt hatten die Reichsmarschälle von Pappenheim das Geleitsrecht auf der alten Fernstraße, der jetzigen Bundesstraße 2, vom südlichen Ortsausgang Weißenburgs bis an die Grenzen der Herrschaft Pfalz-Neuburg inne. Der Galgen war wohl nur eine Warnung an Straßenräuber und wurde wahrscheinlich nicht als Richtstatt benutzt. Seit dem Ende der pappenheimischen Hochgerichtsbarkeit 1806 verfiel der Galgen.

9 BURGSTALL UND ABSCHNITTSBEFESTIGUNG WEINBERG TREUCHTLINGEN

Zum Burgstall entweder bereits an der Gaststätte Am Brühl parken und oberhalb der Sportanlage nach Westen gehen oder an der Stadthalle parken und über den Altmühlsteg den Burgstall erreichen. Dem Sportpfad auf die Anhöhe folgen.
Zum Weinberg in Treuchtlingen östlich der Altmühlbrücke an der Hauptstraße nach Süden abbiegen („Am Brühl"), der Straße bis zu einer scharfen Kurve am Kindergarten folgen und noch ein Stück Feldweg geradeaus fahren; P am Schützenhaus. Der Forstweg führt in westlicher Richtung den Hang hinauf und trifft dann auf den Sportpfad.

Ein Überblick über den Burgstall oberhalb der Altmühl zu gewinnen ist schwierig, weil der Nordwestteil des Höhenrückens dicht bewaldet ist. Der Sportpfad führt – ab der Kreuzung mit seinem Rückweg – für rund 100 Meter auf einem alten Wall und parallel zu einem deutlich ausgeprägten weiteren Wall am Waldrand. Den Eingang in die herzförmig angelegte Fliehburg findet man, wo sich der Sportpfad vom Waldrand abwendet. Ein schmaler Weg leitet in den Kernbereich des Burgstalls, dessen östliche Umwallung ein halbes Oval mit einem Durchmesser von knapp 100 Metern bildet, während sich die beiden

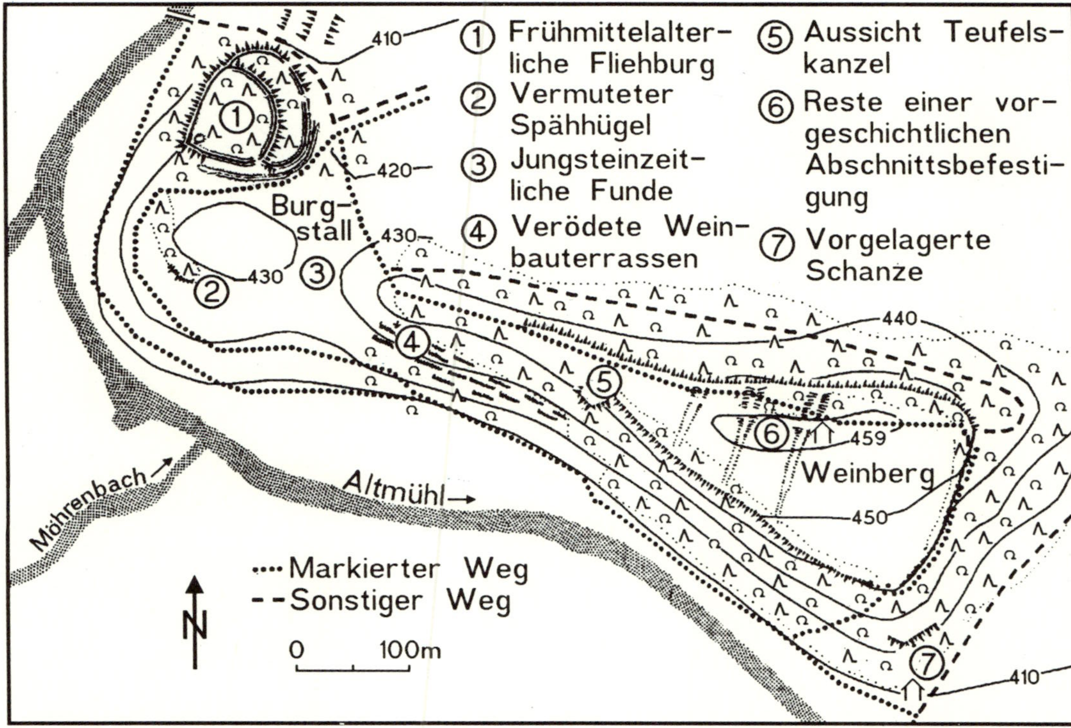
① Frühmittelalterliche Fliehburg
② Vermuteter Spähhügel
③ Jungsteinzeitliche Funde
④ Verödete Weinbauterrassen
⑤ Aussicht Teufelskanzel
⑥ Reste einer vorgeschichtlichen Abschnittsbefestigung
⑦ Vorgelagerte Schanze
Burgstall
Weinberg
Altmühl→
Möhrenbach→
410
420
430
430
440
450
459
410
Markierter Weg
Sonstiger Weg
N
0
100m

nach Westen führenden Schenkel fast rechtwinklig vereinen. In dieser Spitze soll sich auch eine Herdgrube befunden haben. Während der natürliche Hang des Burgstalls nach Westen und Norden steil abfällt, wurde das sanfte Gefälle auf der Ostseite mit einem annähernd halbkreisförmigen Wall zusätzlich gesichert. Er trifft im Süden nahe des Eingangs auf den inneren Ring. Beide Wallanlagen wurden mit Trockenmauern aufgeführt, die noch etwa zwei Meter breit sind. Der dritte Wall im Süden, auf dem der heutige Weg verläuft und der wohl den Eingang sicherte, ist dagegen nur aus Erde aufgeschüttet. Die Fliehburg sollte die Bevölkerung Treuchtlingens des 9./10. Jahrhunderts bei Überfällen aufnehmen können. Funde deuten allerdings darauf hin, daß bereits in der Jungsteinzeit Menschen diesen Platz aufgesucht hatten.

Folgt man entweder dem Sportpfad in entgegengesetzter Richtung oder geht quer über den unbewaldeten Teil des Höhenrückens nach Südosten, tritt man dort wiederum in den Wald ein. Nach etwa 50 Metern ist links des Wegs ein schwach ausgeprägter Wall zu bemerken, der sich bis zum Ende der Lichtung auf der Höhe hinzieht. Dort knickt er am Waldrand nach Süden ab und folgt auch dem Waldrand zurück in nordwestliche Richtung bis zu einem Felsen, der sogenannten Teufelskanzel. Außerdem verlaufen drei schwach sichtbare parallele Bodenwellen westlich der Schutzhütte am höchsten Punkt des Weinberges vom nördlichen Wall in südwestliche Richtung auf den gegenüberliegenden Wall zu. Sie sind allerdings nur noch im nördlichen Teil der annähernd dreieckigen Lichtung zu erkennen. Diese Wälle werden einer vorgeschichtlichen Befestigungsanlage zugeschrieben; andere Autoren halten die Relikte auf dem Weinberg dagegen für frühmittelalterlich. Nicht datiert wurde bislang die kleine Schanze, die am Südosthang, Dietfurt gegenüber, liegt. Am Hang westlich unterhalb der Teufelskanzel, kann man – vor allem von unten – die Reste verödeter Weinbauterrassen erkennen. Sie stammen aus dem Mittelalter und aus späteren Jahrhunderten. Funde vom Burgstall sind im Volkskundemuseum Treuchtlingen ausgestellt (siehe 10).

10 OBERE VESTE TREUCHTLINGEN

Zur Oberen Veste von der Stadtmitte Treuchtlingens durch die Bahnunterführung in die Oettinger Straße fahren (P). Die Straße „Am Schloßberg" hinaufsteigen und dann nach rechts der Auffahrt zur Burgruine folgen. Oder von der Hahnenkammstraße (Wegweiser Auernheim, Oettingen) an der Straßenkreuzung nach links zu einem kleinen Parkplatz abbiegen. Von dort führt ein steiler Weg ebenfalls zur Burgruine.

Der Treuchtlinger „Schloßberg" ist ein nach Südosten gerichteter Bergsporn mit Terrassen, der im Norden und im Süden durch Täler vom Hahnenkamm getrennt ist und im Osten zum Altmühltal abfällt. Im Nordwesten ist der Burgbereich von einem fast 20 Meter breiten Halsgraben gesichert. Erbaut wurde die Höhenburg wohl zwischen der zweiten Hälfte des 12. und der ersten Hälfte des 13. Jahrhunderts; ein „festes Haus" an der Stelle der späteren Wasserburg (siehe unten) existierte damals bereits. Seit 1229 sind Treuchtlinger Ortsadelige als Besitzer der Burg bezeugt. Eine Urkunde legt nahe, daß diese Burg ein Lehen der Marschälle von Pappenheim war; 1340 erwarben es die Brüder Ulrich V. und Wirich II. zu ihrem Eigentum. Nach mehrfachem Besitzerwechsel wurden 1453 wiederum die Marschälle von Pappenheim Besitzer der Oberen Veste; sie hatten damals schon die Untere Veste und den Ort inne. Seitdem nahm die Bedeutung der Oberen Veste ab, die Bauten verfielen. Zusammen mit dem Stadtschloß und dem Markt Treuchtlingen gelangte die Ruine dann 1647 in den Besitz der Markgrafen von Brandenburg-Ansbach. Die bis 1974 stark vernachlässigten Reste werden seither von der „Fördergemeinschaft Burg Treuchtlingen e. V." untersucht und restauriert. Inzwischen ist eine ansehnliche „neue" Ruine entstanden. Die Mauer mit ehemals vier halbrunden und einem rechteckigen Mauerturm umschließt den oberen Burghof mit einem unterkellerten Gebäude sowie die eigentliche Burg mit einem quadratischen Bergfried. Die einzelnen Räume des Pallas sind durch die Seitenwände kenntlich gemacht, die Küche mit ihrem Herd wurde überdacht. Auch die Zisterne konnte lokalisiert werden. Der Bergfried dient heute als Aussichtsturm; über den tiefen Graben

Obere Veste in Treuchtlingen

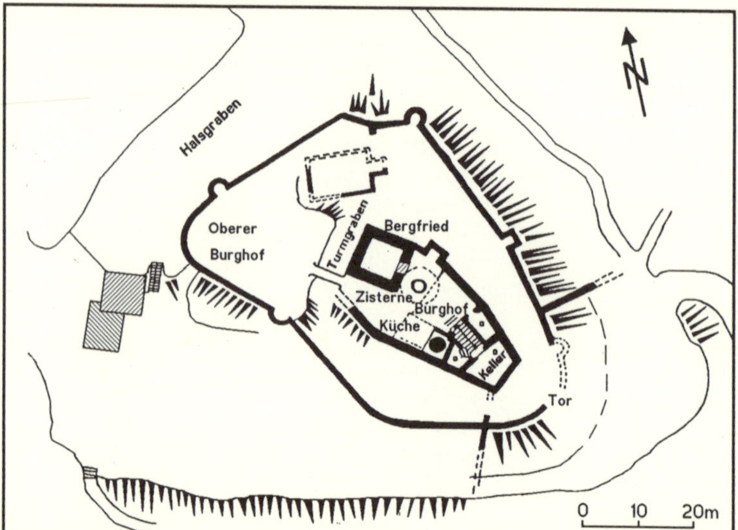

zwischen dem oberen Burghof und dem Wohnbereich führt ein Holzsteg. Zahlreiche Keramik- und Metallfunde, darunter ein eiserner Topfhelm aus dem 14. Jahrhundert, sind – zusammen mit einem Modell der Burg – im Volkskundemuseum zu besichtigen.

Sehenswert: Ehemaliges Wasserschloß im Kernbereich des mittelalterlichen Ortes, erstmals 1346 erwähnt, mit Vorgängerbauten aus dem 10.-12. Jahrhundert und wohl Ende des 15. Jahrhunderts mit einem Wassergraben versehen, 1575 in ein dreiflügeliges Renaissanceschloß umgestaltet und 1984 grundlegend erneuert; Geburtsstätte von Gottfried Heinrich von Pappenheim zu Treuchtlingen, dem bekannten Reitergeneral des Dreißigjährigen Krieges. Schloßgarten und Schloßhof jederzeit zugänglich, Ostflügel als Haus des Gastes geöffnet Mitte Oktober bis 30. April montags bis freitags von 8–12 und 13–17 Uhr; 1. Mai bis Mitte Oktober montags bis freitags 8–17 Uhr, samstags 9–13 Uhr.
Volkskundemuseum, gegenüber dem Schloß, u. a. mit vorgeschichtlichen Exponaten aus der Umgebung und Funden aus den beiden Burganlagen. Führungen von Mai bis Oktober täglich außer montags 10 und 15 Uhr, sonst nach Vereinbarung, Tel. (09142) 3121 (Verkehrsamt).
Römischer Gutshof beim Weinbergshof, Südhang des Nagelberges, Zufahrt vom P Altmühltherme durch die Kästleinsmühlenstraße, an deren Ende rechts abbiegen, jederzeit zugänglich.

11 BEFESTIGUNG AUF DEM VIERSTEINBERG BEI WETTELSHEIM

Vom P gegenüber der Gaststätte Ziegelhütte an der Straße Treuchtlingen-Auernheim (etwa 500 Meter westlich des Stadtteils Patrich) auf der Forstraße nach Norden in den Wald gehen. Nach rund 1300 Metern, bevor die Straße nach rechts zu einem Steinbruch abbiegt, kreuzt man zum zweiten Mal den Rundweg 12. Mit dieser Markierung nach links in den Wald hinein gehen und dann dem Stichweg mit dem Wegweiser „Keltenwall" folgen. Man steht nach wenigen Metern vor einem hölzernen Aussichtsturm, der hinter einem Wall erbaut wurde.

Von der Aussichtsplattform aus kann man nicht nur über das hier noch weite Altmühltal nach Norden sehen, sondern erhält auch einen Überblick über den hufeisenförmigen Wall. Er begrenzt den südlichen Rand einer Kalksteinbank, die aus dem Steilabfall des Viersteinberg-Plateaus herausragt, und läuft am West- und am Ostende des Bogens noch für rund 50 Meter den Hang hinunter. Der historische Zugang liegt etwa in der Mitte des 60 Meter langen Bogens. Unweit des Aussichtsturms ist ein Loch im Gestein erkennbar. Es gehört zu einer Wohngrube oder einem Keller, 1,65 Meter tief in das Gestein gebrochen und 2,50 mal 2,30 Meter groß. Hier fand im ersten Drittel des 20. Jahrhunderts der Gunzenhausener Geschichtsforscher Obermedizinalrat Dr. Heinrich Eidam Asche, Holzkohle, Tierknochen, Scherben und Steinwerkzeuge, mutmaßlich aus der Jungsteinzeit. Eine Hacke aus Hirschgeweih wurde erst Jahrzehnte später als ebenfalls aus dieser Epoche stammend datiert. Allerdings stufte Eidam einige Funde – darunter einen Bronzearmreif – als aus der Hallstattzeit stammend ein. In der Nähe des Walls fanden sich zudem hallstattzeitliche Grabhügel. Möglicherweise hielten sich bereits Menschen des Neolithikums an dem sicheren und aussichtsreichen Ort auf oder nutzten ihn als Brandopferplatz. Anlagen dieser Art datieren vorwiegend in die Urnenfelderzeit; vielleicht erneuerten Kelten die Wälle. Sie könnten dann noch in früher fränkischer Zeit als Wehranlage zum Schutz des im Tal gelegenen Königshofs gedient haben.

Hinweis: Wettelsheim gehört zu den Siedlungen, deren Ursprünge sich besonders weit zurückverfolgen lassen. Bodenfunde zeugen von menschlicher Anwesenheit bereits um 4000 v. Chr. Ein Flachgräberfeld aus der frühen Bronzezeit – das bislang einzige in Mittelfranken – wurde 1983 ergraben. In der Urnenfelder-Bronzezeit, um 1000 v. Chr., bestand nordwestich des heutigen Ortes eine Gehöftgruppe. Auch Menschen der Hallstattzeit lebten in der Wettelsheimer Flur; schließlich siedelten Römer im Bereich der heutigen Patrichsiedlung östlich der Martinskirche sowie an den Talrändern von Rohrach, Erlach und Altmühl. Das urbar gemachte Land nahmen dann spätestens ab dem 7. Jahrhundert Alamannen in Besitz. Schließlich wurde auf königlichem Grundbesitz ein fränkischer Meierhof errichtet sowie durch das Kloster Wülzburg über Weißenburg ein „Amtshof", d. h. ein ummauerter Vogteihof mit Getreidekasten, Gericht, Gefängnis und Kirche mit Friedhof. Aus allen Epochen fanden sich viele Relikte; einige davon sind im Volkskundemuseum

Treuchtlingen (siehe 10) und in der Ortssammlung Wettelsheim ausgestellt, Besuch nach Vereinbarung, Tel. (09142) 8550 und 7448.

12 KARLSGRABEN IN GRABEN

Treuchtlingen in nördliche Richtung durch die Bahnhofstraße und die Elkan-Naumburg-Straße verlassen oder von der Bundesstraße 2 in Dettenheim an der Ampel nach Westen abbiegen (Hinweisschild). An der Bahnunterführung dem Wegweiser Graben folgen. In der Ortsmitte vor der kleinen Kirche nach rechts abbiegen.

Ein europäischer Wasserweg durch die Verbindung der Gewässersysteme von Rhein und Donau erschien bereits Karl dem Großen im 8. Jahrhundert wünschenswert. Ein Schiffahrtsweg von Frankfurt nach Regensburg hätte eine bessere – nicht nur verkehrsmäßige – Anbindung des 788 ins Frankenreich einverleibten Bayerns erleichtert. Im übrigen bediente sich Karl nebst seines Stabes bei den ausgedehnten Reisen überwiegend der Schiffahrtswege; ausgebaute Straßen waren damals bis auf die von den Römern überkommenen nicht vorhanden.
Die Flüsse galten seit vorgeschichtlicher Zeit bis weit in ihre Oberläufe als schiffbar; eine kurze Verbindung über eine niedrige Wasserscheide hinweg gehörte zum üblichen Transportsystem. In karolingischer Zeit wurden Kähne von rund einer Tonne Tragfähigkeit benutzt und meist von der Besatzung getreidelt.
So ließ Karl 793 zwischen der Altmühl und der Schwäbischen Rezat einen Kanal graben. Die Überreste dieser „Fossa Carolina" – Dämme und ein Stück des breiten Grabens – sind noch zu sehen. Der Karlsgraben gilt als eine der großartigsten Ingenieurleistungen des frühen Mittelalters. Er ist durch Rundwege und Schautafeln erschlossen. Nördlich des wassergefüllten Grabenteils steht ein Brunnen an der europäischen Wasserscheide.
Ob das Bestreben der karolinigischen Wasserbauer ganz zum Ziel gelangte, ist umstritten. Historische Quellen berichten von langanhaltenden Regenfälle und ungünstigen geologischen Be-

dingungen, die die Fertigstellung verhinderten, vor allem aber von politischen Gründen. Es ist jedoch ziemlich sicher, daß zumindest kurzfristig eine Verbindung der Flußsysteme im Bereich der europäischen Talwasserscheide bestand und auch von Karl benutzt wurde.

Die beiden Flußsysteme kommen sich in Graben – dessen Namen von der damaligen „Baustelle" herrührt – auf 1800 Meter nahe; der höchste Punkt der Wasserscheide liegt nur zwölf Meter über der Altmühl. Zwei Haupttheorien zur Verwirklichung einer Verbindung von Altmühl und Rezat stehen sich gegenüber: Entweder wollten die fränkischen Ingenieure die beiden Flüsse mit einem Kanal auf dem Niveau der Altmühl verbinden, so daß die Schiffe ungehindert hätten durchfahren können. Oder man hätte statt eines durchgehenden Kanals eine dem Gelände angepaßte, auf- und absteigende Kette von Weihern angelegt. Die Schiffe hätten über mehrere Wälle gezogen werden müssen. Technisch hätte man das wohl mit Hilfe von Winden und Rutschen bewerkstelligt, denn Kammerschleusen waren damals noch nicht bekannt. Die Erdbewegungen für diese Lösung wären nicht so gewaltig gewesen; sie erscheint heute als die wahrscheinlichere.

Erst Mitte des 19. Jahrhunderts wurde die südwestliche Fortsetzung des wassergefüllten Kanalteils, ein Graben entlang der Dorfstraße, zugeschüttet. Seit dem Bau der Bahnlinie 1869 durchschneidet diese den Karlsgraben; östlich der Bahnlinie setzt sich ein verflachender Graben noch bis zur Straße Dettenheim-Grönhart fort. Von dort aus machte sich der Kanalbau von 793 die feuchte Senke im Bereich der Schwäbischen Rezat zunutze. Die von Karl dem Großen geplante Wasserstraße verlief noch etwa 1000 Meter nach Norden, wo wiederum die Bahntrasse quert. Das wiesen die Luftbildarchäologie sowie Kernbohrungen von 1992 nach.

Bislang gibt es keinerlei Funde von eventuellen Relikten der Grabenbauer – Spuren eines Lagers mit Geschirrscherben und Tierknochen, Werkzeug und Trachtbestandteile – sowie Begräbnisstätten. So bleiben bei diesem weithin sichtbaren Bodendenkmal weiterhin viele Fragen offen.

< *Karlsgraben aus der Luft*

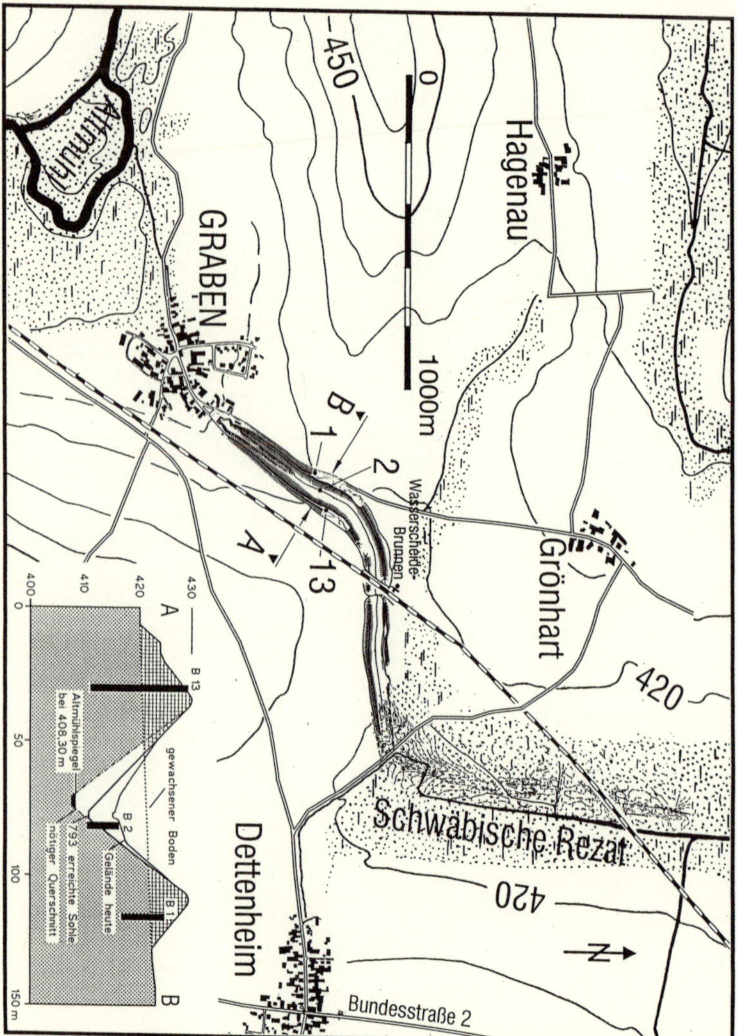
Altmühl
GRABEN
Hagenau
0
1000m
450
Grönhart
Wasserscheide-Brunnen
B
A
1
2
13
420
Schwäbische Rezat
420
Dettenheim
Bundesstraße 2
N
A
B
B 13
B 2
B 1
430
420
410
400
0
50
100
150 m
gewachsener Boden
Gelände heute
Altmühlspiegel bei 408.30 m
793 erreichte Sohle
nötiger Querschnitt

1993 wurden anläßlich des 1200jährigen Bestehens des Karlsgrabens für eine große staatliche Ausstellung viele Exponate zum Thema zusammengetragen.

Sehenswert: St.-Kunigunden-Kirche mit spätgotischen Fresken, im Sommer tagsüber meist geöffnet

13 FELSSCHUTZDÄCHER BEI SCHAMBACH

Schambach ist der westlichste Ort an der Verbindungsstraße zwischen den Bundesstraßen 2 und 13. Von der Kirche aus folgt man dem Wegweiser „Sportanlagen". Vom dortigen Parkplatz geht man etwa 100 Meter in östliche Richtung zur einer Wanderwegetafel und folgt von dort aus dem Rundweg 3.

Nach rund 1,5 Kilometern gelangt man zum Schambachfelsen, einer Gruppe von Riffkalkbildungen. An deren Fuß im Wald gelegen sind mehrere kleine Halbhöhlen (kurzer steiler Abstieg ohne Weg). Ihr unterer Teil ist mit Geröll verfüllt. Daß Menschen schon in der mittleren Steinzeit hier Zuflucht gesucht haben, kann wegen der Funde von Gefäßresten, eine Spitze aus Jaspis und eines Steinbeils aus mesolithischer und neolithischer Zeit angenommern werden.

Hinweis: Schambach ist ein Beispiel für Siedlungskontinuität über Jahrtausende hinweg. In der Schambacher Flur wurden eine Siedlung aus der Bronze- und Urnenfelderzeit, ein Friedhof aus der Hallstattzeit sowie ein alamannischer Siedlungsplatz von Archäologen untersucht. Bekannt sind auch mehrere römische Gutshöfe in diesem Bereich. Die heutige Siedlung wurde bereits 802 urkundlich erwähnt. Hallstattzeitliche und alamannische Funde aus Schambach sind im Volkskundemuseum Treuchtlingen ausgestellt (siehe 10).
Von Schambach aus kann man auf dem Wanderweg 2 Richtung Osterdorf auf die Hochfläche wandern (kurz vor dem östlichen Ortsausgang nach Süden den Hang hinauf). Rund 500 Meter, nachdem der Weg aus dem Wald herausgetreten ist, liegen rechterhand Erdlöcher mit einem Durchmesser von zwei bis drei Metern, die trichterförmig bis zu 20 Metern Tiefe erreichen. Sie entstanden ursprünglich aus Dolinen, den für Kalkgestein charakteristischen Verwitterungserscheinungen. Durch nachrutschendes, Bohnerz enthaltendes Gestein wurden die Dolinen bei Osterdorf völlig ausgefüllt. Be-

< *Geländeaufnahme des Karlsgrabens von 1992 mit drei Bohrstellen und Querschnitt*

reits in vor- und frühgeschichtlicher Zeit wurde dieses Erz ergraben und verhüttet. So wurden bei den Ausgrabungen in Schambach große Mengen Eisenschlacken gefunden. Die heute sichtbaren Wälle wurden aus dem ehemaligen Füllmaterial der Dolinen, die im 19. Jahrhundert freigelegt wurden, aufgeschüttet. Lange hielt sich der Glaube an eine Verbindung der Erdlöcher zur Unterwelt; sie wurden im Volksmund „Höllentrichter" genannt.

14 STERNSCHANZE BEI DETTENHEIM

In Dettenheim an der Bundesstraße 2 Weißenburg-Donauwörth in der Ortsmitte nach Osten abbiegen. Kurz vor dem Ortsausgang links ab in den „Sternschanzweg" fahren (P); mit den Wanderwegezeichen MD und B leicht ansteigend bis zum Waldrand gehen. Dort an der Weggabelung rechts halten und an einem kleinen ehemaligen Steinbruch vorbei auf die Hochfläche. Rechts liegt die gut erhaltene Sternschanze.

Während des Spanischen Erbfolgekriegs (1701–1714) verlagerten sich im Frühjahr 1704 Kampfhandlungen ins heutige Bayern. Der bayerische Kurfürst Max Emanuel und seine französischen Verbündeten zogen, von Westen kommend, nach Augsburg. Die Armee des Herzogs von Marlborough und des Markgrafen von Baden schlug Anfang Juli einen Teil der bayerischen Soldaten auf dem Schellenberg bei Donauwörth und gelangte über Rain am Lech ebenfalls nach Augsburg. Im August kam es dann zu einer entscheidenden Schlacht bei Blindheim (bei Höchstädt a. d. Donau), in deren Folge Bayern bis zum Frieden von Rastatt 1714 von den Österreichern besetzt blieb. Bereits 1702 hatten sich die fränkischen Reichsstädte dem österreichischen Kaiser Leopold angeschlossen, der mit den Engländern und Spaniern verbündet war. Die gegnerischen Franzosen hielten 1703 unter anderem Treuchtlingen, Pappenheim und Mörnsheim besetzt. So fühlten sich Weißenburg und sogar Nürnberg durch die bayerisch-französische Allianz bedroht.
Daher entschloß sich die Generalität des Fränkischen Kreises zur Errichtung einer Kette von Verteidigungsanlagen. Ab Mitte März bis zur entscheidenden Schlacht bei Höchstädt wurde ge-

< *Felsschutzdächer bei Schambach*

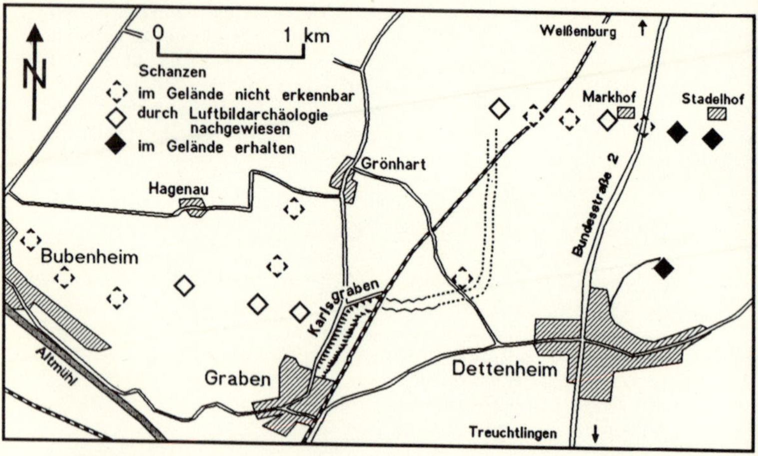

Weißenburger Linie von 1704 und Sternschanze bei Dettenheim

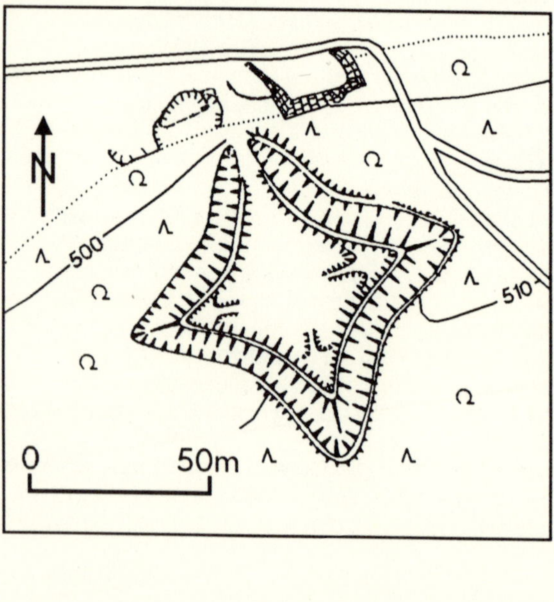

baut. Im Badischen Generallandesarchiv Karlsruhe existiert ein Plan der „Kaiserlichen Linie bei Pappenheim". Danach verlief ein Bogen von Schanzen zwischen Bubenheim, Graben und Grönhart, ein Riegel von sieben Schanzen in der Höhe des Markhofs quer über die Fernstraße Nürnberg-Augsburg, zwei Schanzen lagen zwischen der Festung Wülzburg und der Stadt Weißenburg sowie einzelne Schanzen in der Rezataue und auf der „Schlicht" oberhalb von Dettenheim. Diese war mit etwa 60 Metern in der Diagonale die größte der gebauten Sternschanzen. Die Nordspitze gewährte den Zugang, die drei übrigen Spitzen waren überhöht, wohl als Geschützstände.

Hinweis: Zwei weitere, heute noch sichtbare Schanzen liegen am Hang südlich des Stadelhofs. Sie sind durch dichten Buschbewuchs inmitten der landwirtschaftlichen Flächen erkennbar. Zwei weitere Schanzen dieser Linie und drei nördlich von Graben wurden durch die Luftbildarchäologie lokalisiert.

15 GRABHÜGEL BEI HEUBERG

Von der Bundesstraße 13 Weißenburg-Eichstätt etwa vier Kilometer hinter Weißenburg in den Wald Richtung Suffersheim-Heuberg abbiegen. An der Straßengabelung dem Wegweiser Heuberg folgen. Etwa 200 Meter nach der Abzweigung führt links ein Weg in den Wald. Hier beginnt ein großes Gräberfeld.

Das Grabhügelfeld bei Heuberg in der Waldabteilung „Junger Schlag" zählt zu den größten Mittelfrankens. Es erstreckt sich zunächst in südwestlicher, dann in südlicher Richtung über insgesamt 350 Meter Länge. Die meisten der rund 70 Grabhügel sind noch gut erhalten, nur wenige sind verflacht oder angegraben. Einige der Hügel bilden Gruppen. Nur aus einem einzigen Hügel sind Funde bekannt; sie stammen aus der Hügelgräber-Bronzezeit. Im Römermuseum Weißenburg sind sie unter der Fundangabe „Suffersheim" zu besichtigen.

16 MITTELALTERLICHES WEISSENBURG – ELLINGER TOR

Im Parkhaus an der Nürnberger Straße parken. Von dort aus führt eine Fußgängerunterführung in den ehemaligen Stadtgraben und zum Ellinger Tor.

Der Kern der ehemaligen Reichsstadt Weißenburg wird von einer gut erhaltenen Stadtmauer, bewehrt mit 38 Türmen, eingeschlossen. Nach den weitgehenden Zerstörungen während des Dreißigjährigen Krieges wurde der Mauerring im 17./18. Jahrhundert mit an vielen Stellen „eingebauten" Wohnhäusern wiedererrichtet.

Die ursprüngliche Mauer, vermutlich vor 1188 angelegt, schloß bis 1376 einen wesentlich kleineren Teil der heutigen Altstadt ein. Südlich der Andreaskirche verlief sie entlang der Pfarrgasse, der Unteren Stadtmühlgasse, weiter durch die Höllgasse nach Osten und umschloß den Bereich der heutigen Schranne. Dies war auch eine Keimzelle Weißenburgs; hier hatten sich im 6. Jahrhundert Alamannen angesiedelt. Ihr Reihengräber-Friedhof wurde östlich der Siedlung, an der Eichstätter Straße, aufgedeckt. Unter dem neugotischen Schrannengebäude liegen die Grundmauern einer St.-Martins-Kirche aus dem 6./7. Jahrhundert. Die Kirche wurde im späten Mittelalter profaniert und als Getreidespeicher verwendet, bis sie 1863 dem Neubau der Schranne weichen mußte.

Das Ellinger Tor, nördlicher Zugang zur Stadt, gilt als eines der schönsten Stadttore in der Bundesrepublik. Es war bereits ein Teil der Ummauerung des 12. Jahrhunderts und wurde im Lauf der Zeit weiter ausgebaut. Im 14. Jahrhundert errichtete man den Torturm, dessen Obergeschoß bei der Erneuerung der Befestigung im 17. Jahrhundert entstand. Um 1520 waren Vorwerk und Wehrgang fertiggestellt. Das Fischblasen-Maßwerk der Brüstung steht baugeschichtlich am Beginn der Renaissance. Das Ellinger Tor ist mit mehreren Reliefs geschmückt, an denen sich ein Stück Stadtgeschichte ablesen läßt. Am rechten Vorwerk befindet sich das erste Stadtwappen aus dem Jahr 1241 – halbe weiße Burg in Rot, halber schwarzer Reichsadler in

Ellinger Tor in Weißenburg >

Gold –, am linken Vorwerk das zweite Wappen mit einer weißen Burg und einem Doppelkopfadler in goldenem Schild zwischen den Türmen. Der Reichsadler ist das Symbol der Reichsunmittelbarkeit, der direkte Bezug der Stadt zum König als ihrem Stadtherrn. Weißenburg erhielt das zweite Wappen durch kaiserliches Privileg 1481 von Friedrich III. nach der Beilegung einer schweren finanziellen Krise. Der Doppelkopfadler in diesem Wappen hat folgende Bewandnis: Der deutsche König führte im allgemeinen den einköpfigen Adler; war er zugleich Kaiser, so erhielt der Adler einen zweiten Kopf.
Ein weiteres Sinnbild für die Reichsunmittelbarkeit Weißenburgs ist der Reichsadler direkt über dem Tordurchgang. Über ihm befindet sich eine kunsthistorisch interessante Darstellung Christi als „Schmerzensmann". Die Skulptur zeigt Christus in einem eigenartigen Schwebezustand vor dem Kreuz, zu beiden Seiten halten Engel Folterinstrumente in den Händen. Diese Art der Zusammenschau mehrerer Leidensstationen Christi – hier Kreuzigung und Geißelung – ist seit dem 11. Jahrhundert typisch für den „Erbärmdechristus" und war im Mittelalter weit verbreitet.
Im Zuge städtischer Sanierungsprojekte wurde vom Sommer 1991 bis Herbst 1992 der zugeschüttete Stadtgraben im Bereich des Ellinger Tors wieder geöffnet. Dabei trat er einstige Brückendurchgang mit der Jahreszahl 1772 zutage. Parallel zur Straßenbrücke wurde ein Fußgängersteg angelegt. Geht man auf diesem Richtung Stadt, sieht man links vom Tor Teile der ältesten, mittelalterlichen Stadtmauer aus Sandstein. Nicht nur diese Bossenquadern konnten freigelegt werden, man entdeckte auch Auffüllschichten mit einer großen Menge an Glas- und Keramikscherben sowie Metall- und Knochenfragmenten aus dem 14. bis 16. Jahrhundert. Offenbar wurde der Graben in dieser Zeit als Abfallhalde der Weißenburger Töpfer (Hafner) benutzt. Auf besonderes wissenschaftliches Interesse stießen diverse als Spielzeug verwendete Tonfiguren, vor allem Frauengestalten. Sie wurden auf einfache Weise in Modeln hergestellt und waren im Nürnberger Raum weit verbreitet.

Wie bei den meisten Teilen der Weißenburger Stadtmauer besteht der Grabenboden aus Sand- und Kalkstein. Man kann hier gut erkennen, daß die Anlage zur Verteidigung mit den „konventionellen Waffen" des Mittelalters – Pfeil und Bogen, Speer und Lanze – angelegt war. Die Türme stehen so dicht beieinander, daß der Mauerstreifen dazwischen von den Verteidigern lückenlos geschützt werden konnte. Die erste äußere Mauer aus sorgfältig behauenen Steinen war 1,30 Meter stark. Später wurde sie durch eine innere, weniger kunstvoll geschichtete Mauer auf eine Dicke von drei Metern verstärkt.

Sehenswert: Stadtrundgang Andreaskirche, Martin-Luther-Platz, Apothekenmuseum, Gotisches Rathaus, Karmeliterkirche, Schranne, ehem. Wildbad, ehem. Augustinerinnenkloster, Spitalkirche, einstiger Bereich eines fränkischen Königshofs sowie Teile der früheren Stadtbefestigung, u. a. mit dem Ellinger Tor (Faltblatt im Verkehrsamt); Römermuseum, Zweigmuseum der Prähistorischen Staatssammlung München, Martin-Luther-Platz 2, Tel. (09141) 907124; geöffnet März bis Dezember täglich außer montgs 10–12.30 und 14–17 Uhr; Römische Thermen, Am Römerbad, restauriertes römisches Zivilbad, geöffnet von Palmsonntag bis Ende Oktober täglich außer montags 10–12.30 und 14–17 Uhr.
Ein Reichsstadtmuseum, Am Hof 6 befindet sich im Aufbau (1993).

17 „ALTE BÜRG" BEI WEISSENBURG

Von der Bundesstraße 13 Weißenburg-Eichstätt nach links Richtung Oberhochstatt abbiegen. Gegenüber der Abzweigung zur Wülzburg in den Wald hinein zum P Eichelberg fahren. Von dort aus den Wegen 2 oder 5 in westliche Richtung folgen (Rundweg möglich, siehe Wegetafel). Ein allerdings steiler Aufstieg beginnt bei der Gaststätte „Schneiderskeller".

Auf einem bewaldeten Bergsporn genau im Winkel der Straßen Weißenburg-Eichstätt und Weißenburg-Oberhochstatt liegt die Wallanlage „Alte Bürg". Auf sanft abfallendem Gelände wurde der Bergsporn mit seinen steilen Hängen auf drei Seiten durch Mauern, Wälle und Gräben gesichert. Eine rund 2,70 Meter dicke Mauer mit doppeltem Graben riegelt in einem engen Bo-

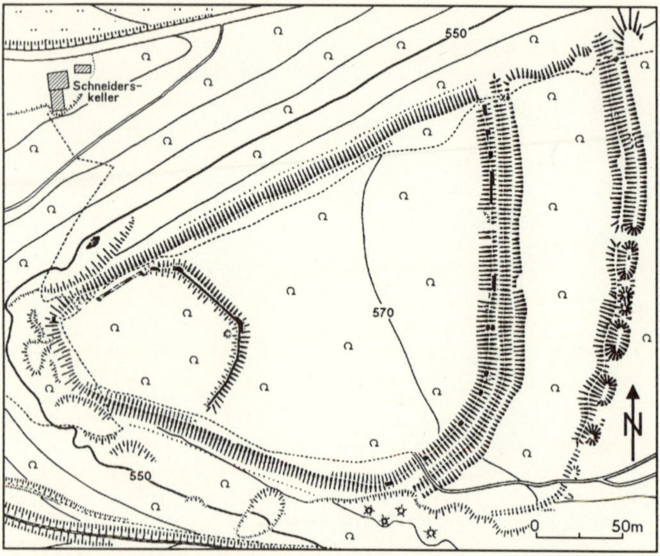

„Alte Bürg" bei Weißenburg

„Schloßberg" und Wallanlagen auf dem Flüglinger Berg bei Weimersheim

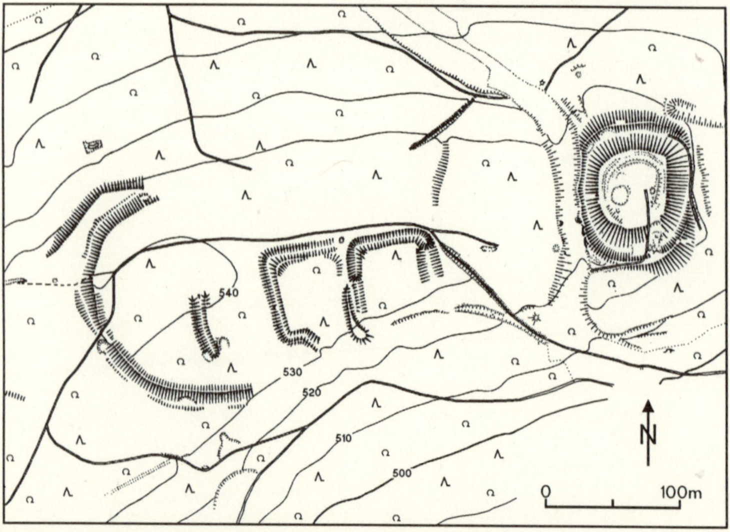

gen den Kernbereich der Burg an der Spitze des Bergsporns vom Vorgelände ab. Dieses ist wiederum mit einer 2,10 Meter starken Mauer und ebenfalls doppeltem Graben gesichert. Ein weiterer Wall wurde nicht ganz vollendet. Der Hang von der Bergspitze bis zum zweiten Wall wurde künstlich versteilt. Die gesamte Anlage ist rund 350 Meter lang, an der weitesten Stelle 230 Meter, an der westlichen Spitze noch 40 Meter breit.

Da die Alte Bürg nicht archäologisch untersucht wurde, ist ungeklärt, ob sie aus der Zeit der Ungarneinfälle im 10. Jahrhundert stammt. Sicher ist, daß die Anhöhe bereits in vorgeschichtlicher Zeit aufgesucht wurde. Darauf deuten auch die Grabhügelfelder am Eichelberg hin (eines davon liegt östlich des Parkplatzes). Ein römisches Kastell befand sich hier allerdings nicht. Der Gedenkstein, der an der unteren, westlichsten Spitze der Alten Bürg steht, erinnert an die vom Beginn des 19. Jahrhunderts stammende fälschliche Annahme, bei dem Abschnittswall handle es sich um Reste des „Castrums Biricianis“

Sehenswert: Festung Wülzburg, fünfeckiger Festungsbau des 16. Jahrhunderts mit Bastionen, Zisternenanlage, Tiefem Brunnen, Burggaststätte; Hof tagsüber zugänglich, Zufahrt gegenüber der Abzweigung zum P Eichelberg (siehe oben).

18 „SCHLOSSBERG“ UND WALLANLAGEN AUF DEM FLÜGLINGER BERG

In Weißenburg die Gunzenhausener Straße stadtauswärts bis Weimersheim fahren und dort in den Ort hinein abbiegen. Vom nordwestlichen Ortsausgang den Berg hinauf steigen, dabei an einer Weggabelung den linken Weg wählen. Er führt zu den westlich gelegenen Wallanlagen des Berges, während der Turmhügel auf dem „Schloßberg“ rechterhand im Osten zu sehen ist.

Der Flüglinger Berg bei Weimersheim spiegelt die Siedlungsgeschichte dieser Region wider. Auch von seiner Höhe stammen Funde aus der Mittel- und Jungsteinzeit sowie aus der Hallstattzeit. In frühgeschichtlicher Zeit entstand dann der Abschnittswall im Westen des Bergplateaus. Der annähernd halbkreisförmige Wall hat einen Umfang von rund 250 Metern. Für die Zeit

zwischen dem 7. und dem 10. Jahrhundert kann die Befestigung auf dem Flüglinger Berg als „Mittelpunktsburg" gelten.
In der Folgezeit wurde dann der östliche Teil des Berges befestigt. Ein tiefer Halsgraben schneidet das nach den übrigen drei Seiten steil abfallende Gelände vom restlichen Bergplateau ab. Dieser Graben war ursprünglich mindestens 25 Meter breit und bis zu neun Metern tief. Einst ging dieser in Nord-Süd-Richtung verlaufende Graben in einen abgerundet rechteckigen Burggraben über, der mit einem starken Außenwall versehen war. Bis zu zehn Meter über seiner Sohle erhebt sich das Burgplateau, auch dieses rechteckig mit gerundeten Ecken und einem Durchmesser von 55 bis 60 Metern. Innerhalb dieser Turmhügelburg findet man heute eine Reihe von Gräben und Wällen; sie stammen aus den Zeiten, als die Dorfbewohner das Material der verfallenen Mauern zu Bauzwecken abtransportierten. Dennoch blieb der Burgstall auf dem Flüglinger Berg die besterhaltene und mächtigste derartige Anlage im Landkreis Weißenburg-Gunzenhausen. Urkundlich wird die Burg 1255 als „novum castrum" bezeichnet. Bis 1342 blieb sie im Besitz der Kropfe aus Emetzheim, die sich auch „von Flüglingen" nannten. 1422 brannte die Anlage ab.
Zwischen dem „Schloßberg" und dem frühgeschichtlichen Abschnittswall gelegen sind drei unvollständige Rechteckschanzen. Auf die östlichste trifft man direkt links des Wegs auf die Hochfläche. Ihre Seitenlänge beträgt mehr als 60 Meter. Unmittelbar dahinter schließt sich die zweite Schanze mit weniger deutlichen Gräben an. Von der dritten existiert nur ein etwa 40 Meter langer Grabenabschnitt. Aus welcher Zeit diese Schanzen stammen und welchem Zweck sie dienen sollten, ist unbekannt.

19 KELTENSCHANZE BEI PLEINFELD

Von der Bundesstraße 2 Weißenburg-Nürnberg bei Pleinfeld Richtung Fiegenstall abbiegen. Rund 500 Meter östlich der Einmündung der alten Straße Pleinfeld-Fiegenstall verläßt ein Wanderweg die Straße nach links in den Wald hinein (Wegweiser „Teufelsbackofen", P).

Vom Waldweg aus ist die Westecke der keltischen Schanze bereits zu sehen. Diese überhöhte Ecke ist der markanteste Punkt der ansonsten wenig erhaltenen Anlage oberhalb des Arbachs. Die beiden von dieser Ecke wegführenden Schenkel sind – mit Unterbrechungen – noch auf rund 100 Meter sichtbar. Das dürfte auch die ursprüngliche Seitenlänge der quadratischen Schanze gewesen sein. Den Graben vor dem südlichen Wall nimmt jetzt der Waldweg ein.

Hinweis: Der Wanderweg mit der Seenlandmarkierung 182 führt bis zur Arbachtalhütte, von dort aus weiter mit 183 durch ein Grabhügelfeld; die rund 20 Hügel sind allerdings verflacht und zergraben. Hinauf nach Kleinweingarten (schöner Blick zur Burg Sandsee), dort am Ortsausgang Richtung Pleinfeld zwischen einem Neubau und einer alten Scheune nach links abbiegen. Der Weg führt über den „Burgstall" – eine vermutlich frühmittelalterlichen Abschnittsbefestigung mit Wall und Graben auf einem Geländesporn – und mit 182 durchs Arbachtal zurück zum Ausgangspunkt (ca. 5 km, auch vom P Arbachtal aus).

20 BURGSTALL GEYERN

Die Straße Weißenburg-Oberhochstatt weiter Richtung Bergen fahren. In Geyern zum Schloß; gegenüber in die Mühlstraße einbiegen, dort bis zum Brunnen auf der rechten Straßenseite (P). Rechts in die Stichstraße abbiegen (Schild „16-20") und hinter dem Haus Mühlstraße 20 auf Stufen steil den Berg hinaufsteigen. Oben an einer Wegkreuzung links halten (nördliche Richtung). Bequemer ist der Zugang, wenn man von der Straße Geyern-Bergen die zweite Straße halblinks abbiegt (Neubausiedlung Breitenau), dort nach 50 Metern wieder links fährt und am Ende der Straße parkt. Dann zum nordwestlichen Waldrand gehen und rund 200 Meter an der Hangkante entlang in den Wald hinein.

Der Weg überquert einen etwa drei Meter tiefen Graben. Damit ist man im Bereich der Vorburg, die eine Fläche von etwa 50 mal 60 Metern umschließt. Hinter einem zweiten Graben von etwa sechs Metern Tiefe sieht man Wälle, die wohl den Bereich des einstigen Turmhügels markieren. Nordöstlich, zum Abhang des Bergsporns hin, schließen sich zwei weitere Gräben mit

Wällen an, einer etwa sechs Meter tief, der andere flacher. Die gesamte Anlage wird von einem mehr oder minder verflachten Wall umschlossen. Der Burgstall wurde bislang nicht wissenschaftlich untersucht.
Die Form der Anlage deutet auf eine Entstehung im 12./13. Jahrhundert hin. Erwähnt wurden die Reichministerialen von Geyern seit 1255. Beim Streit der bayerischen Herzöge mit den Reichsmarschällen von Pappenheim wurde 1260 Geyern erobert und nicht mehr von den Wittelsbachern zurückgegeben. Ein Ministeriale des Eichstätter Bischofs und Schenk des Grafen von Hirschberg erhielt die Burg Geyern 1276 zum Lehen. Ab 1310 nannten sich seine Nachkommen Schenken von Geyern. Die Burg erweckte das Interesse der Wittelsbacher wegen ihrer Lage an den Grenzen der Grafschaft Graisbach – die mit denen des alten fränkischen Sualafeldgaus übereinstimmten – und der Grafschaft Hirschberg, dem früheren baierischen Nordgau. Zum Bruch mit Bayern kam es, als 1460 im Krieg Herzog Ludwigs des Reichen von Bayern gegen den Markgrafen Albrecht die Schenken von Geyern nicht ihren Lehnsherrrn unterstützten. Daraufhin verwüstete dieser die Burg am westlichen Ortsrand von Geyern. Wann diese zweite Burg die erste, auf dem Bergsporn errichtete, ersetzte, ist nicht bekannt.
Reste dieser zerstörten Burg sind noch südlich des heutigen Schlosses zu sehen: der Mauerstumpf des runden Bergfrieds, die Toreinfahrt und der tiefe Graben zwischen Vor- und Hauptburg. Nachfolgebau wurde ein Schloß, das – im Besitz des Fürstentums Ansbach – 1757 teilweise abgebrochen und durch ein Amtshaus ersetzt wurde. Dieses wiederum bildet den Kern des im 19. Jahrhundert „romantisch" umgestalteten Schlosses; es befindet sich heute in Privatbesitz.

21 BURGSTALL NEUHAUS

Von der Straße Geyern-Bergen (von Weißenburg über Oberhochstatt und Kaltenbuch zu erreichen) bei der Hochspannungsleitung nach links (Norden) abbiegen, bis zur Kreuzung der Forststraße nach Reuth unter Neuhaus mit dem Albrandweg B (wieder unter Hochspannungsleitung, P). Dort auf der Forststraße nach links in den Wald hinunter, bis oberhalb einer scharfen Kurve ein Weg im rechten Winkel nach links abbiegt.

Dieser Weg verläuft im Graben zwischen Vorburg und Bergfried der ehemaligen Burg Neuhaus. Geht man an dem Turmhügel auf der rechten Seite vorbei, trifft man auf einen Weg, der auf den Hügel hinauf führt.
Ein Plateau von rund 80 Metern Länge bot auf einem Bergsporn der Jurahochfläche über dem Felchbachtal Ausblick und natürlichen Schutz. Dieser wurde durch Versteilerung des Hanges und Anlage eines Grabens noch verstärkt. Der oben erwähnte Halsgraben ist noch bis 20 Meter breit und bis zu sechs Metern tief. Der Turm auf dem höchsten Punkt des Plateaus hat einen rechteckigen Grundriß von etwa 12 mal 15 Metern. Der Halsgraben läuft im Norden – jenseits der heutigen Forststraße – in den Schuttkegel des Grabenaushubs aus. Das annähernd quadratische Gelände der Vorburg wurde von etwa 50 bis 60 Meter langen Wällen eingefaßt, die nach Osten hin verflacht sind.
Der rund einen Kilometer entfernte Ort Reuth hat seinen Namenszusatz von dieser Burg. Beide gehörten den Schenken von Geyern (siehe 20) und später zum Kondominat Geyern-Ehenheim bzw. -Brandenburg. Möglicherweise wurde Neuhaus wie die Burg Geyern im Krieg zwischen Herzog Ludwig von Bayern und dem Ansbacher Markgrafen Albrecht 1460 zerstört.

22 ERZGRUBE PFRAUNFELD

Von der Straße Weißenburg-Oberhochstatt weiter nach Pfraunfeld und von dort aus Richtung Bergen fahren. Etwa 800 Meter nordöstlich des Ortes am Straßenrand halten, nach links führt ein Weg zu einem wiederhergestellten Schachteingang (ab 1994).

Die heutige Straße Pfraunfeld-Bergen durchschneidet das Abbaugebiet des ehemalige Erzbergwerks „Rothenberg". Bei ihrem Bau 1970 kam es zu Einstürzen in die unterirdischen Stollen. Die Flur „Erzgrube" liegt größtenteils rechts (südöstlich) der Straße Richtung Anlauter, im Bereich der Bauschuttdeponie. Östlich des umzäunten Bereichs sind noch Pingen – trichterförmige Gruben – und ein alter „Tagezug" sichtbar.
In Obereichstätt – unterhalb von Dollnstein an der Altmühl gelegen – gründete der Eichstätter Fürstbischof Friedrich IV. von Oettingen 1411 eine Eisenhütte. Die Erze stammten von den Jurahochflächen. Die Pfraunfelder Grube wurde allerdings erst um 1631 erwähnt. Der erste „Erzgräber" erschien in einer Urkunde aus dem Jahr 1693. Damals hatte die Schmelzhütte Obereichstätt einen Hochofen erhalten, und auch aus den eisenhaltigen Schichten des Doggers (Braunjuras) um Nennslingen, Raitenbuch, Burgsalach und Pfraunfeld wurden Eisensandstein und Eisenoolith verhüttet. Die Bohnerze besaßen einen Eisengehalt von bis zu 50 Prozent, der des Doggererzes betrug nur 14 bis 19 Prozent. Die meisten Erze wurden im Tagebau gewonnen, zu den wenigen untertägigen Gruben zählte die von Pfraunfeld. Die Hauptflöze waren 1,30 bis 2,50 Meter mächtig, somit die Stollen selten höher als 1,60 Meter. Sie mußten nicht mit Holzstempeln ausgebaut werden, da man Pfeiler im Gestein stehen ließ, die an manchen Stellen durch Mauerwerk verstärkt wurden. Im 18. Jahrhundert kamen aus der Grube Rothenberg jährlich zwischen 250 und 750 Tonnen, im 19. Jahrhundert bis zu 1000 Tonnen Erz. Das abgebaute Gestein mußte recht mühselig nach Obereichstätt befördert werden: Ein Wagen, bespannt mit vier Zugtieren – überwiegend Ochsen – konnte der schlechten Straßenverhältnisse wegen nur mit rund eineinhalb Tonnen beladen werden.
In der Grube Rothenberg arbeiteten ein Steiger und vier „Bergknappen" im Sommer zehneinhalb, im Winter neun Stunden täglich. Die Bezahlung war von der Menge des abgebauten Erzes abhängig; für einen „Lachter" – rund 10,5 Kubikmeter, etwa die Arbeit eines Monats – wurden 14 Gulden bezahlt. Um die Mitte des 19. Jahrhunderts, in der Zeit des größten Eisenbe-

darfs im Königreich Bayern, versuchte man jedes verfügbare Erzvorkommen auszubeuten; die eisenhaltigeren Erze aus dem Ruhrgebiet und aus Belgien machten jedoch den heimischen Abbau unrentabel. 1860 wurde die Auflassung der Gruben beschlossen, am 14. September 1864 war für die Grube Rothenberg das Ende gekommen. Das Steigerhaus am Haupteingang wurde zunächst zum gemeindlichen Armenhaus umgewandelt. Da die Bergwerksstollen einen Unterschlupf für allerlei umherziehende Personen boten, wurden die Eingänge teilweise verfüllt und das Steigerhaus abgerissen. Während der Weltkriege wurden die Stollen des öfteren begangen, ebenso in der Zeit des Straßenneubaus.

23 RUINE BECHTHAL

Von der Straße Weißenburg-Oberhochstatt weiter nach Burgsalach und Raitenbuch fahren, von dort aus über Reuth am Wald Richtung Bechthal. Oberhalb des Ortes P neben einer scharfen Kurve.

Der Weg zur weithin sichtbaren Burgruine mit ihrem hohen Bergfried führt auf dem Kamm einer schmalen Bergzunge, die auf zwei Seiten von der Anlauter umflossen wird. Im Volksmund trägt das Plateau den Namen „Ahnfrauplatte". Die Burg war Stammsitz der „Pechthaler", die Mitte des 12. Jahrhunderts erwähnt wurden. Die Bauweise der Burg deutet auf eine Errichtung im 12./13. Jahrhundert hin. Ob die Burg Opfer eines kriegerischen Angriffs wurde oder allmählich verfiel, ist unbekannt. Jedenfalls wurden die Gemäuer zur Gewinnung von Baumaterial genutzt.

Der Bergfried im Osten der etwa 30 mal 35 Meter großen Hauptburg ragt noch rund 30 Meter hoch auf. Ihm gegenüber erheben sich Mauern eines schmalrechteckigen, einst wohl dreistöckigen Gebäudes. Teile der alten Ummauerung sind ebenfalls noch erkennbar. Der tiefe Graben unmittelbar östlich des Bergfrieds und ein weiterer, rund 60 Meter entfernter, sind durch Baumbewuchs als Querriegel gut sichtbar. Weniger stark ausgeprägt sind drei Gräben im Westen der Hauptburg, der am

Ruine Bechthal mit dem Bechthaler Weiher

Burgstall bei Thannhausen

weitesten entfernte ist nur noch als schwache Rinne wahrnehmbar. Offenbar nutzten die Erbauer der mittelalterlichen Burg frühere Abschnittsbesfestigungen und bezogen sie in ihr Verteidigungssystem mit ein.

24 BURGSTALL BEI THANNHAUSEN

Von der Straße Pleinfeld-Gunzenhausen in Höhe von Thannhausen nach rechts (Norden) Richtung Langlau abbiegen. Etwa 400 Meter nach Überqueren der Bahnlinie, kurz vor der Abzweigung zu einem Bundeswehrgelände, nach rechts zum Waldrand (P). An der Wanderwegetafel „Altes Schloß" mit Weg 137 in den Wald hinein, in der Waldabteilung „Altes Schloß" mit Markierung 6 nach rechts (Osten); auf dem höchsten Punkt durchschneidet der Wanderweg Wall und Graben.

Dem Ort Thannhausen entstammt ein gleichnamiges Reichsministerialengeschlecht. Möglicherweise gehörte ihm auch Siboto de Tanhusen (1205–1267) an. Der als „Thannhäuser" bekannt gewordene Dichter und Sänger nahm vermutlich als Mitglied des Deutschen Ordens am Kreuzzug des Kaisers Friedrich II. teil. Wahrscheinlich ist die kleine Burg nördlich des Ortes auf einem westlichen Ausläufer des Meisen- oder Weißenberges im 12./13. Jahrhundert Sitz dieser Adeligen gewesen. Das rechteckige Plateau, über dessen West- und Ostgräben der Wanderweg führt, ist knapp 60 Meter lang und 30 Meter breit. An einem kleinen, halbrunden Wall fast in der Mitte der gesicherten Fläche liegt ein Rastplatz mit der Tafel „Altes Schloß der Tannhauser". Die Gräben an den vier Seiten sind zwischen 10 und 15 Meter breit, im Osten 2,50 Meter, an den anderen Seiten 1,50 Meter tief. Von den vier Ecken sowie an der Nordseite ziehen sich die Gräben noch einige Meter den Abhang hinab; in einigem Abstand davor liegen die Hügel des Aushubs.

25 BURGSTALL BEI PFOFELD

Von der Straße Pleinfeld-Gunzenhausen in Theilenhofen oder in Dornhausen nach Norden abbiegen. Beim westlichen Ortseingang von Pfofeld dem Wegweiser „Sportplatz" nach links (Westen) folgen. Vor dem Sportfeld auf der linken Straßenseite (P) füht ein Weg zum Wald (Seenlandmarkierung 130, Markierung 5 und Schild „Zum Ringwall").

Im Wald steht man bald vor dem Turmhügel, dem „Schloßbuck im Hag", mit einem Durchmesser von rund 40 Metern und einer Höhe von etwa sieben Metern. Er ist – wie die gesamte Anlage – von einem Graben mit Wall umgeben. Einschließlich der südwestlich gelegenen Vorburg ist die Befestigung 130 Meter lang und bis 100 Meter breit. Am Turmhügel ist eine Inschrift angebracht: „Turmhügelburg der Ritter von Pfofeld um 1200". Tatsächlich war zwischen 1180 und 1190 ein Dietericus de Pfalvelt beurkundet. Möglicherweise war er ein Dienstmann der Grafen von Hirschberg, die im Ort selbst sowie in Dornhausen und Gundelshalm Güter besaßen. Wahrscheinlich wurde die Burg am südwestlichen Ende eines kleinen Plateaus oberhalb des Weiherbaches zur Festigung der Herrschaft erbaut.

Hinweis: Östlich der Straße Dornhausen-Pfofeld liegt die Ruine der Heilig-Kreuz-Kapelle. Sie wurde wohl im 13. Jahrhundert vom Kloster Rebdorf bei Eichstätt erbaut. 1411 wird von „großen Wallfahrten" zu einem Heilbrunnen bei der Kapelle berichtet. Nach 1541 verfiel die Kapelle mit Einführung der Reformation; die Anwohner nutzten die Steine zum Hausbau.
Sehenswert: In Pfofeld – dem einstigen „Pfahlvelt", benannt nach dem nahe vorbeiziehenden Limes, dem „Pfahlrain" – steht die älteste Kirche des früheren Landkreises Gunzenhausen. St. Michael, in romanischem Baustil erbaut, erfuhr im 18. Jahrhundert einige Umgestaltungen. Geblieben ist der Chor im Turmuntergeschoß mit vorgelagerter halbrunder Apsis; sehenswert sind die sehr gut erhaltenen Fresken aus dem 15. Jahrhunderts in ihrem Inneren.

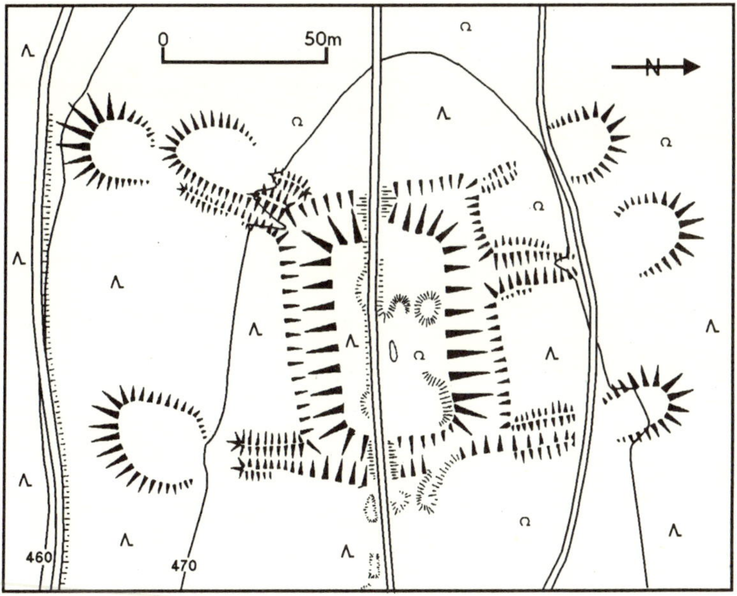

Burgstall bei Thannhausen

Burgstall in Gunzenhausen

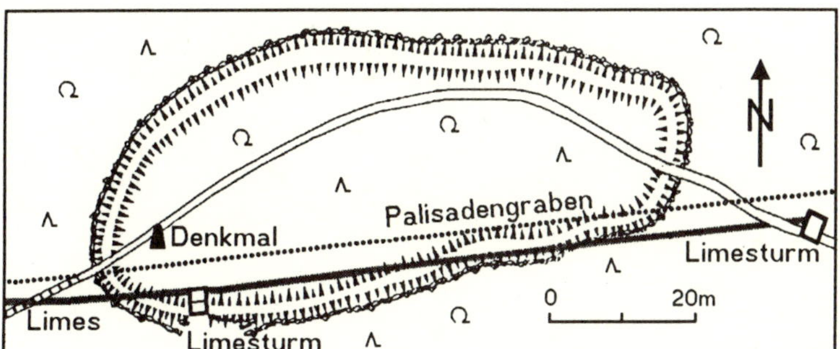

26 BURGSTALL IN GUNZENHAUSEN

In Gunzenhausen Richtung „Waldbad am Limes“ fahren, in der Leonhardsruhstraße am Freibad oder in der Krackerstraße parken, jeweils mit dem Sportpfad zur Höhe des Burgstallwaldes mit einem Bismarckdenkmal hinaufsteigen.

Wenige Meter vor dem Denkmal quert der Weg sowohl den einstigen Graben nördlich des römischen Limes wie auch einen Wall. Dieser zieht sich in annähernd ovaler Form um das gesamte Plateau der Anhöhe; die umwallte Fläche mißt in west-östlicher Richtung rund 70 Meter und an der breitesten Stelle etwa 25 Meter. In seinem südlichen Abschnitt verläuft der Wall unmittelbar neben, streckenweise auch auf dem Limes. Etwa 15 Meter rechts vom Eintritt des Wegs in den Wall finden sich die restaurierten Grundmauern eines Limesturms. Ihn hatten die Erbauer der Ringmauer in ihr Befestigungswerk mit einbezogen, wie der Gunzenhausener Geschichtsforscher Obermedizinalrat Dr. Heinrich Eidam 1898 feststellte. Er datierte auch die Funde innerhalb des Walls in die Zeit der Alamannen. Spätere Untersuchungen erbrachten darüber hinaus, daß der Burgstall bereits in der Hallstattzeit einen Wall trug, auf dessen Resten die Römer ihren Wachturm erbauten. Ebenso wie sie wollten auch die Menschen des 7. Jahrhunderts n. Chr. den Altmühlübergang in Gunzenhausen schützen und erneuerten den Ringwall. Ab dem 10. Jahrhundert traten an die Stelle ausgedehnter Befestigungen dann Turmhügel- und andere Burgen; in Gunzenhausen war dies – ebenso wie in Treuchtlingen – eine Wasserburg (im Bereich nördlich der Altmühlbrücke, nahe der Spitalkirche). Der Weg vom Bismarkdenkmal zu einem weiter östlich gelegenen zweiten römischen Wachturmfundament macht einen Bogen, so daß er etwa 60 Meter nach dem Denkmal der nördlichen Ringmauer nahekommt und nach weiteren 25 Metern den Ostabschnitts des Walls quert.

27 KELTENSCHANZE BEI STEINACKER

Von der Bundesstraße 466 Gunzenhausen-Nördlingen zweigt zwischen Unterwurmbach und Gnotzheim rund 50 Meter südlich eines Parkplatzes ein Weg nach Osten in den Wald ab. Nach etwa 150 Metern wendet er sich nach rechts, linkerhand sieht man die erhöhte Nordwestecke der keltischen Viereckschanze.

Deutlich erkennbar von dieser spätkeltischen Schanze sind nur noch der Nordwall mit Graben und daran anschließende Teile der West- und der Ostseite. Die einstigen Ausmaße des Kultbezirks betrugen rund 75 mal 135 Meter; der westliche Wall ist auf etwa 35 Metern, der östliche auf 50 Metern sichtbar. In der nur schwer auffindbaren Südostecke liegt eine sumpfige Stelle, die wohl den Ort des einstigen Kultschachts bezeichnet.
Südöstlich der Schanze liegt ein Hügelgräberfeld mit 15 Hügeln, davon acht großen. 1882 fand Dr. Eidam im zweitgrößten Hügel eine hallstattzeitliche Bestattung mit Gefäßbeigaben.

28 BURGSTALL SPIELBERG

Von der Bundesstraße 466 Gunzenhausen-Nördlingen in Gnotzheim Richtung Heidenheim abzweigen. In Spielberg die steile Ortsstraße zum Schloß hinauffahren (P rechts der Straße).

Schloß Spielberg, Nordwestpfeiler des Hahnenkamms und auch des Naturparks Altmühltal, ist von einer Ringmauer umgeben, an der entlang man jederzeit das Schloß umrunden kann. 25 Meter vom Eintritt in die Ringmauer entfernt erhebt sich eine Nepomuk-Statue neben einer Treppe. Diese führt zum Fuß der Mauer; ein Weg leitet weiter zum rund 70 Meter entfernten, mit einer Baumgruppe bestandenen Turmhügel einer früheren Burg. Eine Sitzgruppe und ein Kreuz markieren die Anhöhe im Westen des heutigen Schlosses (siehe Titelbild).
Die mittelalterliche Höhenburg mit annähernd ovaler Außenmauer und innerem Bering ist auf die Zeit um 1400 zu datieren; aus dieser Bauphase stammt die Mauer, auch die Schloßkapelle wurde zu Beginn des 15. Jahrhunderts erbaut. In dieser Zeit verfiel wohl die zuvor genutzte Turmhügelburg. Zwischen 1142

und 1151 wird in Urkunden des öfteren ein Tibertus oder Diepertus de Spileberch genannt, damals also muß bereits eine Familie auf der 605 Meter hohen Kuppe gelebt haben. Die letzte Nachricht über einen männlichen Nachkommen von Spielberg erscheint in einer Urkunde von 1303. Über die Truhendinger gelangte die Burg an die Grafen von Schaumburg und schließlich 1360 an die Grafen von Oettingen. Diese errichteten dann das heute bestehende Schloß, deren Eigentümer noch immer die Fürsten von Oettingen-Spielberg sind.
Der Burgstall ist nie untersucht worden, so daß es über das einstige Aussehen der Turmburg nur Vermutungen gibt. Andere ähnliche Anlagen bestanden aus einem künstlich aufgeworfenen Hügel, der von einem Graben und einer Palisade umgeben war. Auf diesem Hügel wurde dann ein runder oder eckiger Wohnturm ganz aus Stein oder mit einem Steinuntergeschoß und weiteren Etagen in Fachwerkausführung errichtet.

Hinweis: Am Nordhang des Spielberges wurde im 19. Jahrhundert in der Zeche „Herrensegen" für wenige Jahre Brauneisen abgebaut.
Sehenswert: Das Schloß mit dem Schloßhof ist im Besitz des Malers und Bildhauers Ernst Steinacker. Die Anlage sowie viele Kunstwerke sind sonntags 14–16 Uhr zu besichtigen. Die Kapelle ist auch von der Ringmauer aus zugänglich.

29 WALLANLAGE BEI SAMMENHEIM

Von der Bundesstraße 466 Gunzenhausen-Nördlingen in Gnotzheim oder von der Altmühltalstraße Gunzenhausen-Treuchtlingen in Dittenheim jeweils nach Sammenheim abbiegen. Am westlichen Ortsrand nach Süden zur Buckmühle fahren. Dort noch ein Stück der Betonstraße nach Südosten folgen und dann am Waldrand steil den Berg hinaufgehen. Oder von der Straße Altmühltal-Heidenheim 500 Meter westlich des Parkplatzes nach rechts in den Wald hinein und dem Weg B folgen. Nach gut einem Kilometer macht der Weg einen scharfen Knick den Berg hinauf, hier noch ein Stück Richtung Spielberg gehen, rechts sieht man den Wall.

Die Wallanlage oberhalb der Buckmühle ist so gründlich vergessen, daß nicht einmal der Volksmund einen (Flur-)Namen für sie gefunden hat. Der hufeisenförmige Wall schneidet einen nach Nordosten gerichteten Vorsprung vom Hinterland ab. Der bewaldete Bergsporn fällt besonders im Norden und im Osten steil zum hier weiten Altmühltal ab. Unterhalb der Anlage entspringt eine Quelle. Zum Hang hin erhebt sich der Halbbogen noch bis 2,5 Meter über die Sohle des bis zu einem Meter tiefen und etwa sieben Meter breiten Grabens. Die auslaufenden Schenkel des Hufeisens liegen mehr als 80 Meter auseinander. Wahrscheinlich sind die Wälle Überreste einer Anlage aus dem frühen Mittelalter, die Besitzungen im Tal schützen sollte.

30 GELBE BÜRG

Nördlich der Straße vom Altmühltal nach Heidenheim liegt, rund drei Kilometer von der Altmühltalstraße entfernt, der Parkplatz Gelbe Bürg mit einer Schautafel über die Geschichte der Anhöhe. Er ist Ausgangspunkt des Wegs auf das Hochplateau des Berges.

Die Gelbe Bürg – oder der Gelbe Berg, wie die Höhe auch genannt wird –, steigt in zwei Terrassen aus dem hier noch weiten Altmühltal auf. Die kahle Weißjurakuppe mit ihrer etwa 225 mal 275 Meter messenden Hochfläche ist mit Trockenrasen bewachsen und von Steinbrüchen, Erzschürfungen und anderen Grabungen zerwühlt. Die „Burg des Gebo" (1419 als Gebenbürg beurkundet) fällt im Norden und Westen relativ steil ab und ist im Nordwesten wie im Südosten durch natürliche Einschnitte von der Albhochfläche getrennt. Die einzigen Zugangsmöglichkeiten bestanden von Süden und Osten aus. Über dem teils bewaldeten unteren Plateau erhebt sich – um etwa 100 Meter zurückversetzt – eine annähernd dreieckige Hochfläche. Am Südhang entspringt am Quellhorizont ein Bach, der die Wasserversorgung der Menschen auf dem Gipfelplateau sicherte.
Besiedelt war der Berg seit der Jungsteinzeit. Von menschlicher Anwesenheit in der mittleren Bronzezeit zeugen nur geringer Spuren. Während der Urnenfelderzeit zog die Höhe verstärkt die Menschen an. Damals wurde ein erster Wall um das obere

Gelbe Bürg bei Dittenheim

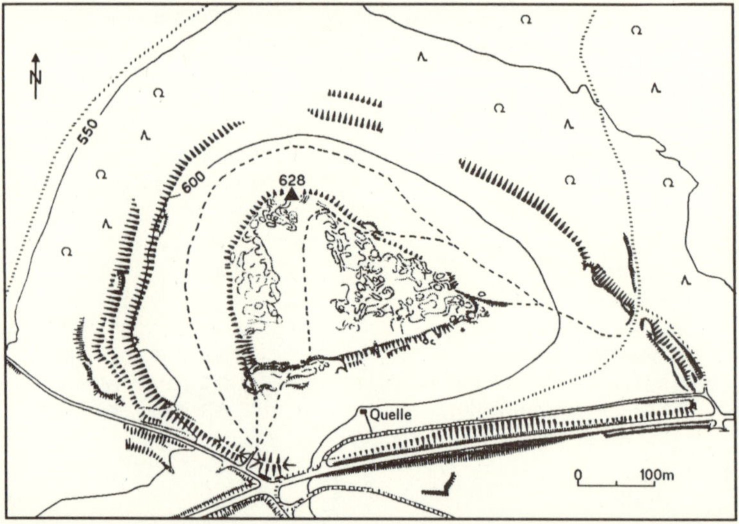

Plateau gelegt, der aus Holz, Steinen und Erde bestand. Die Kelten der späten Hallstattzeit errichteten wohl einen Adelssitz auf der Gelben Bürg, den sie um das Jahr 500 v. Chr. aus unbekannten Gründen verließen. Eiserne Waffen und Werkzeuge wurden aus dieser Zeit gefunden; ein Oppidum bestand jedoch nicht. Auch die Römer bewohnten den Berg nicht. Sie werden sich aber der guten Sicht auf den Limes bedient haben; mehrere römische Straßen führten über die Anhöhe. Erst der alamannische Stamm der Raetovarier gründete hier eine Gauburg, die bereits städtische Formen aufwies: Der Wall um den Gipfel wurde ausgebaut und verstärkt, auch das untere Plateau erhielt nun eine Mauer. Nach dieser Besiedelung im 4./5. Jahrhundert erlangten die Befestigungen auf der Gelben Bürg erst wieder in der Zeit der Ungarneinfälle des 10. Jahrhunderts Bedeutung. Damals wurden die Mauer noch ein letztes Mal verstärkt, bevor die Bauten auf der Höhe verfielen.
Die beiden Mauern, die das obere und untere Plateau einst schützten, sind stellenweise noch gut zu erkennen. Die beiden früheren Tore an der Ost- und Südwestecke des unteren Plateaus waren am stärksten befestigt; ihre Spuren sind daher noch am besten auszumachen.
Ausgrabungen fanden zwischen 1908 und 1932 sowie 1968 statt. Bemalte Gefäßscherben aus der Hallstattzeit, ein Glasschälchen vom Ende des 4. Jahrhunderts, schön gearbeitete Fibeln und Gürtelbeschläge, ebenfalls aus alamannischer Zeit, zählen zu den Funden, die im Römermuseum Weißenburg ausgestellt sind (siehe 16).

31 ZWEI BURGSTÄLLE VON WOLFSBRONN

Von der Altmühltalstraße Gunzenhausen-Treuchtlingen in Meinheim bei der Bachbrücke dem Wegweiser „Wolfsbronn" folgen.
Zum „Buschl": In Wolfsbronn biegt kurz vor dem nördlichen Ortsausgang links eine Straße ab (Wegweiser Kurzenaltheim, Wanderwegzeichen B), die den Hang des Dürrenberges hinaufführt. Von der Weggabelung am Waldrand (Aussichtspunkt) führt im Wald ein Hohlweg steil bergauf.

Zum Burgstall „Lunkenburg“: Etwas nördlich der Ortsmitte der Straße zur Sägmühle und zur Papiermühle bis zu einem Fahrsilo folgen. Hinter dem Silo führt links ein von Obstbäumen gesäumter Weg zum Burgstall.

Der nach Osten steilgeneigte, bewaldete Hang des Dürrenberges versperrt das Tal des Mühlbachs, in dem Wolfsbronn liegt, nach Norden. Eine Anlage, die dieses Tal schützen sollte, entstand wohl im Hochmittelalter: 1180 wurde ein Chuono de Wolvesprunnen als Ministeriale der Bischöfe von Eichstätt genannt. Zwei Jahrhunderte später wurde die Burg aber schon als Burgstall bezeichnet.

Der Hohlweg, durch den man den Burgbereich betritt, bildet eine rund 90 Meter lange Achse in ungefährer West-Ost-Richtung durch das befestigte, noch mehr als zehn Meter ansteigende Gelände. Die Nord-, Ost- und Südseite sind – der Geländeform angepaßt – unterschiedlich in Verlauf und Höhe der Wälle. Der westliche Wall ist von innen rund einen Meter, von der Sohle des vorgelegten, etwa 12 Meter breiten und zwei Meter tiefen Grabens aus noch zwei Meter hoch. Er schließt mit einer Basisbreite von etwa acht Metern den Bergsporn nach Westen hin ab, ist leicht gekrümmt und mißt rund 100 Meter Länge. Südlich des Hohlwegs deutet ein rechteckiger Hügel von 1,5 Metern Höhe und einer Fläche von 12 mal 17 Metern auf den einstigen Standort eines Bergfrieds hin. Vom Westen der Burganlage kann man auf den im Süden verlaufenden Wällen oder auf einem nördlich vom Hauptweg nach Osten führenden anderen Hohlweg zurückgehen.

Die Lunkenburg hatte einst offenbar die gleichen Besitzer wie die oben beschriebene ältere Burg, kam dann jedoch an die Grafen von Oettingen. Um 1400 erwarb sie schließlich Abt Ulrich von Mittelburg für das Kloster Heidenheim. In der Fehde zwischen dem Nürnberger Burggrafen Friedrich und Herzog Ludwig dem Gebarteten von Bayern-Ingolstadt wurde die Lunkenburg mitsamt dem Weiler Wolfsbronn zerstört. Der Heidenheimer Abt Wilhelm von Vestenberg ließ 1427 Neubauten aufführen, deren Reste sich aber nicht von den früheren unterscheiden lassen. Steigt man entlang der Obstbäume zu der Baum-

< „Buschl“ bei Wolfsbronn

und Buschgruppe auf, die den Turmhügel markiert, liegt rechterhand die einstige Vorburg mit annähernd dreieckigem Grundriß. Die Seitenlänge der Basis beträgt etwa 90 Meter. Dieses Gelände ist heute als Ziegengehege eingezäunt. Drei Meter hoch erhebt sich der Außenwall des Grabens um den Turmhügel noch; er bildet ein Quadrat von knapp 40 Meter Seitenlänge, dessen Ecken gerundet sind. Der sumpfige Innenraum, einst ein Wassergraben, umschließt auf drei Seiten den eigentlichen Turmhügel, der nur von der Südwestecke her betreten werden kann. Der Bach, der wohl einst den Wassergraben speiste, fließt jetzt nur noch im Westgraben der Vorburg. Oberhalb des Turmhügels gab es noch zwei kleine, halbrunde Wälle; heute verläuft hier die Straße nach Sammenheim und Heidenheim. Auch früher führte dort ein Weg zum Kloster Heidenheim.

Sehenswert: „Steinerne Rinne", von der Ortsumgehung bzw. vom südlichen Ortsausgang weiter Richtung Sammenheim/Heidenheim, in der Kurve liegt ein Parkplatz. Zur Steinernen Rinne geht es noch einige Meter am Straßenrand bergauf, dann leitet ein Wegweiser nach links in den Wald hinein. Hier hat sich ein Bach aus Kalktuff ein erhöhtes Bett geschaffen.

32 „STEINHAUS" BEI MARKT BEROLZHEIM

Von der Altmühltalstraße Gunzenhausen-Treuchtlingen nach Markt Berolzheim abbiegen. Im Ort fährt man von der Hauptstraße in die Lange Straße, folgt an deren Ende den Wegweisern Heidenheim/Degersheim/Steinerne Rinne und bei der nächsten Abzweigung dem Wegweiser „Sportplatz". An diesem vorbei biegt man am Kinderspielplatz nach links ab. Nach einem Wildgatter führt ein Weg nach rechts zum Wald. Wenige Meter innerhalb des Waldes zeigt ein Wegweiser nach rechts „Zum Steinhaus" im Naturwaldreservat Göppelt.

An dem großen, mit zwei Wall- und Grabensystemen bewehrten Burgstall ist eine Erläuterungstafel mit folgendem Text angebracht: „Das Steinhaus, erbaut auf den Grundmauern und mit dem Material einer früheren römischen Ansiedlung. Vom 10. bis zum 17. Jahrhundert war es im Besitz der Calatin, der Willinge,

„Steinhaus“ bei Markt Berolzheim

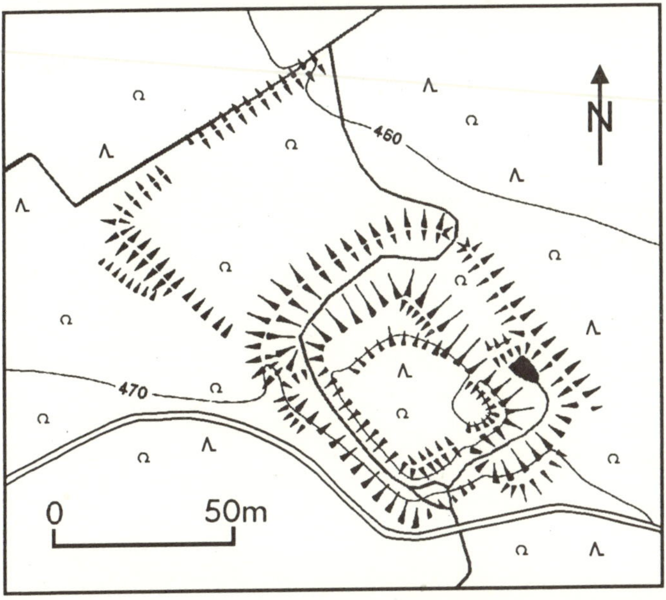

derer von Lentersheim und der Grafen von Pappenheim, die es zuletzt als Försterwohnung benutzten. Zerstört am 14.5.1632." Wahrscheinlich hat eine ortsansässige Adelsfamilie im 10./11. Jahrhundert ihre Turmhügelburg fast einen Kilometer südwestlich des Ortskerns erbaut. Der Graben von bis zu sechs Metern Tiefe ist rund 15 Meter breit; durch seinen Westteil verläuft noch heute ein Bach, der sich auch nach Osten verzweigt und etwa in der Mitte der Nordostseite an einem Damm staut – möglicherweise der einstige Zugang zum Wohnbereich. Von diesem blieb noch ein rechteckiges Plateau von 30 mal 35 Metern Fläche. Hier sollen der Überlieferung nach bis zur Zerstörung im Dreißigjährigen Krieg zwei Gebäude gestanden haben. Im Nordwesten der abgerundet rechteckigen Wehranlage mit Außenmaßen von rund 50 mal 60 Metern schließen sich noch zwei schwächere Wälle an, wohl zur einstigen Vorburg gehörig, wobei der eine entlang eines Baches verläuft.

Hinweis: Unmittelbar nordöstlich des „Steinhauses" außerhalb des Waldes lag das größte römische Landgut (villa rustica) der Umgebung; durch die Luftbildarchäologie konnten fünf Gebäude lokalisiert werden.
Im Ortskern von Markt Berolzheim existierten noch zwei weitere Wasserburgen, die wohl im 12./13. Jahrhundert Nachfolgebauten des „Steinhauses" wurden. Aus ihnen entstanden das „Obere" und das „Untere Schloß". Sie markieren auch zwei verschiedene Siedlungskerne: den einen nördlich des Dorfbaches im Ortsteil „Bratting" mit der St.-Michaels-Kirche, den anderen im südlich gelegenen Ortsteil „Benzing" mit der Marienkirche. An das Untere Schloß, im 19. Jahrhundert abgebrochen, erinnert noch ein Wappen der Pappenheim am Haus unterhalb der Michaelskirche, ein gleiches an das Obere Schloß (1730 abgerissen) an einem Anwesen in der Schloßgasse neben der Marienkirche.

33 BERGWERK UND RUINE RECHENBERG BEI OSTHEIM

Ostheim liegt an der Bundesstraße 466 Gunzenhausen-Nördlingen und ist auch von der Straße Heidenheim-Gnotzheim aus erreichbar. Von der Straße nach Heidenheim gleich nach dem nördlichen Ortsausgang nach rechts (Osten) auf einen Betonweg abbiegen (P am Sportplatz möglich). Vorbei an einer Weiherkette zum Waldrand

(Waldabteilung Stockholz) hinaufsteigen und im Wald weiter diesem Weg folgen. Etwa 700 Meter südlich des Waldrandes gelangt man in einen Hohlweg, an dessen Ende sich der Weg gabelt; man steht unmittelbar vor der Nordwestecke der Burgruine. Folgt man der Markierung auf dem linken Weg weiter bergan, hat man bald die kahle Kuppe des Rechenberges mit einer weiten Aussicht erreicht. Die Markierung 8 leitet zunächst auf dem Kamm nach Norden, dann wieder den Hang abwärts. Auf diesem steilen Weg kommt man an einem gemauerten Eingang vorbei, der zum Bergwerk gehörte. Einen verschütteten Schachteingang findet man, wenn etwas weiter unterhalb nach rechts vom Weg abbiegt. Nach etwa 100 Metern türmen sich Abraumhalden auf. Rechts daran vorbeigehend, kommt man zu einem früheren Eingang in das Bergwerk unter dem Wurzelwerk einer großen Buche. Den Stichweg muß man zurückgehen und ist dann auf dem Hauptweg bald wieder am unteren Waldrand angelangt. (Gesamtlänge des Rundwegs vom Waldrand aus ca. 2,5 km. Wegen der geologischen Gegebenheiten des Rechenberges verläuft der Weg streckenweise im Bereich des Quellhorizonts und ist entsprechend schlammig.)

Herren von Ostheim sind seit 1163 überliefert. Wohl um 1300 erbauten sie eine Burg oberhalb des alten fränkischen Freidorfs. 1238 wurde erstmals ein „Cunradus de Rechenberg" bezeugt. Ebenfalls im 13. Jahrhundert wurde beurkundet, daß eine Burgkapelle dem heiligen Sola geweiht war. Schon 1486 war die Burg nicht mehr Wohnsitz des Geschlechts. Um 1500 galt sie bereits als baufällig. 1590 ging sie mit den anderen Gütern der erloschenen Familie an die Markgrafen von Ansbach über; wohl im Dreißigjährigen Krieg wurde die Burg zerstört. Um 1830 hauste in den noch bestehenden Gewölben ein Wilderer. Daraufhin brachen die Ostheimer die restlichen Gemäuer ab. Heute bestehen nur noch geringe Reste aufgehenden Mauerwerks im Verlauf der Ost- und der Nordmauer der Vorburg.

Die Anlage wurde bislang nicht wissenschaftlich untersucht. Im Süden ragt der kegelförmige Turmhügel auf, unmittelbar am Steilabfall zu einem Bachtal. Ein breiter, gebogener Halsgraben trennt diesen Bereich von der nördlich gelegenen Vorburg, deren trapezförmige Fläche an drei Seiten von etwa 60, 50 und 80 Metern langen Mauern eingefaßt und an der Südseite vom Halsgraben begrenzt war.

Halsgraben des Burgstalls Rechenberg bei Ostheim

Burgstall und Grabhügelfeld „Auwald“ bei Westheim

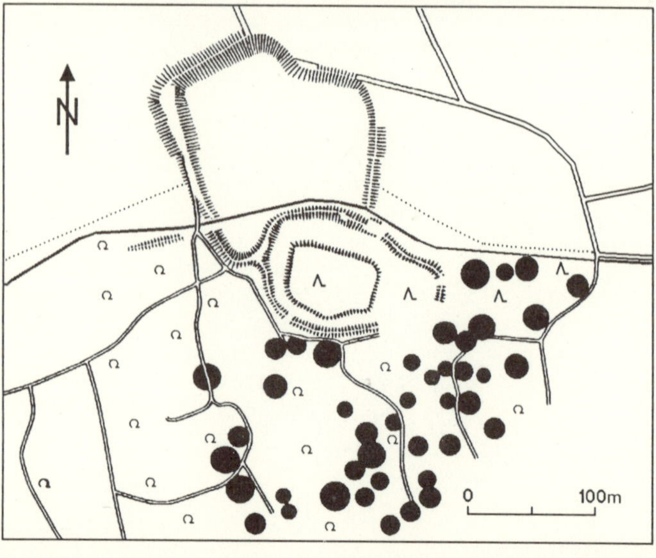

Im gesamten nördlichen Hahnenkamm suchte man auf den „Roten Äckern“ im Bereich des Braunen Doggers nach eisenhaltigen Gesteinen. Besonders im 19. Jahrhundert, als der Bedarf an Eisen wegen der Industrialisierung sehr stark wuchs, beutete man auch schwach eisenhaltige Erze aus. Am Westhang des Rechenberges wurde ab 1852 die Flözzeche „Barbarasegen“ bergmännisch ausgebaut. Sie lieferte auch – trotz des Eisengehalts von weniger als 30 Prozent – das ergiebigste Erz aller Hahnenkammzechen in den Hochofen von Sonthofen. Doch nur drei Jahre gab es nennenswerte Erträge; 1862 wurde der Abbau gänzlich eingestellt, danach verfielen die Stollen. 1908 starb der letzte der 48 einst in „Barbarasegen“ beschäftigten Bergleute. Auf ihn gehen Grubenpläne und Berichte über den Erzabbau im Hahnenkamm zurück.

34 GRABHÜGELFELD „LACHWALD“ SOWIE BURGSTALL UND GRABHÜGELFELD „AUWALD“ BEI WESTHEIM

Westheim liegt an der Bundesstraße 466 Gunzenhausen-Nördlingen. Zum „Lachwald“: Etwa einen Kilometer östlich von Westheim (1,5 km von Ostheim aus) biegt ein Weg – die alte Straße – zum Waldrand (Norden) ab. Nach etwa 250 Metern führt eine schnurgerade Forststraße in nordwestlicher Richtung in den Wald. Sie quert das größte Grabhügelfeld Mittelfrankens.
Zum „Auwald“: Am südwestlichen Ortsausgang von Westheim von der Bundesstraße nach Westen ins Industriegebiet einbiegen. Nach etwa einem Kilometer (hinter einer Anhöhe) einen Feldweg nach links einschlagen. Bei der Weggabelung dem rechten Weg folgen. Am Waldrand einen Bach überqueren. Links liegen die Wälle eines Burgstalls, weiter südlich und östlich die Hügel eines Gräberfeldes.

Rund 140 Grabhügel umfaßt das Gräberfeld im Lachwald; es dehnt sich auf einer Fläche von etwa 300 mal 450 Metern, vorzugsweise im Südostteil des Waldes, aus. Einige Hügel liegen zwischen dem Waldrand und einem Bach südlich des Waldes, vier einzelne Hügel findet man nördlich eines parallel zum beschriebenen Weg verlaufenden weiteren Forstwegs. Die Grabhügel sind fast alle groß und gut erhalten, einige wurden auch von heutigen Wegen durchschnitten. Funde aus diesem Gräberfeld sind unbekannt, man vermutet ihre Entstehung in der Hallstattzeit. Die Wege, die rechts und links der Forststraße abzweigen, erschließen den größten Teil des Grabhügelfeldes.

Das Grabhügelfeld im Auwald wurde dagegen teilweise untersucht. 1925 fand man hallstattzeitliche Brandgräber sowie eine späterhallstattzeitliche Nachbestattung. Wahrscheinlich gab es mehr als die 43 heute noch sichtbaren, teils recht stattlichen Hügel; sie dürften beim Bau der Burganlage direkt am Waldrand zerstört worden sein. Die wohl einst von einem Wassergraben umgebene Burg stammt vermutlich aus dem 11. Jahrhundert; in Urkunden findet sie sich nicht. Die Wälle, auf die man im Wald stößt, gehören zum einstigen Turmhügel und einer inneren Vorburg. Die vorgelegten Gräben wurden verfüllt, der Ostteil des Walls mit den Resten des Wohnturms wurde eingeebnet. Südlich des Turmhügels liegt noch eine umwallte Vertiefung. Zum heutigen Bachlauf im Norden hin ist der Graben mit rund 20 Meter Breite und einem äußeren Wall von etwa 2,50 Metern Höhe noch stärker sichtbar als im Süden. Ab der Weggabelung vor dem Waldrand verläuft der Weg zunächst in südwestlicher, dann in südöstlicher Richtung auf zwei Wällen der ehemaligen äußeren Vorburg. Ihre unregelmäßig geformte Fläche mißt an ihren größten Ausdehnungen 125 mal 110 Meter.

Hinweis: In den Jahren 1979 bis 1985 wurde nördlich von Westheim und der Bundesstraße 466 am „Mehlbuck" ein Friedhof vollständig untersucht. Die frühesten Bestattungen auf dem rund 250 Gräber umfassenden Areal stammen aus der ersten Hälfte des 6. Jahrhunderts. Zwei Drittel der Gräber wurden in jenem Jahrhundert angelegt, das jüngste Grab kam in der Mitte des 7. Jahrhunderts hinzu. Um 600 war ein hölzernes Bauwerk im Norden des Begräbnisplatzes entstanden. Viele Gräber waren bereits in der Antike beraubt worden. Funde von früheren Grabungen – zu Beginn des 20. Jahrhunderts von Dr. Eidam durchgeführt – befinden sich im Städtischen Museum Gunzenhausen (dort derzeit nicht ausgestellt), die neuen Funde im Germanischen Nationalmuseum Nürnberg und in der Prähistorischen Staatssammlung München. Der Friedhof gehörte zu einer bislang noch nicht lokalisierten Siedlung mit rund 20 Gehöften, die im 7. Jahrhundert aufgegeben wurde. Die Grabbeigaben aus dem Friedhof der Merowingerzeit beweisen fränkischen Einfluß auf die Siedler vermutlich elbgermanischen Ursprungs.

35 WALLANLAGEN VON HOHENTRÜDINGEN

Hohentrüdingen liegt an der Straße zwischen Westheim und Heidenheim. Der Bergfried der ehemaligen Burg ist der heutige Kirchturm; er ist als Aussichtsturm tagsüber geöffnet (P an der Kirche, Auffahrt über den Schloßweg).

Der Ort auf dem Bergrücken am westlichen Steilabfall des Hahnenkamms ins Wörnitztal ist eine Gründung der Herren von Truhendingen. Mit ihrem Namen sind zwei weitere Orte verknüpft: Altentrüdingen – heute ein Gemeindeteil von Wassertrüdingen –, wo das wohl aus dem Ries stammende Geschlecht eine Turmhügelburg am Mühlbach erbaut hatte, und Wassertrüdingen, wo die Wasserburg die Keimzelle der heutigen Stadt bildete. Im 12. Jahrhundert erbauten die Truhendinger dann die stark befestigte Höhenburg Hohentrüdingen, die im Hochmittelalter eine der größten Anlagen der Umgegend war. Die im Gefolge der Staufer erstarkten Truhendinger verloren bereits zu Beginn des 14. Jahrhunderts viele ihrer Güter; Besitznachfolger wurden die Nürnberger Burggrafen, die späteren Markgrafen von Brandenburg-Ansbach. Das Geschlecht erlosch wahrscheinlich bereits um 1364. Zwischen 1440 und 1787 war Hohentrüdingen dann markgräfliches Oberamt. 1716/20 wurde die Burg samt einer Johannes dem Täufer geweihten Kapelle erneuert, 1812 jedoch wegen Baufälligkeit abgetragen. Erhalten blieb nur der einstige Bergfried aus dem 12. Jahrhundert. Er wurde als Turm in den 1817 erfolgten Neubau der Kirche einbezogen.

Bergfried, Kirche und Friedhof liegen auf dem höchsten Plateau Hohentrüdingens, einst umgeben vom inneren Graben. Westlich davor war die eine, im Osten eine zweite Vorburg mit dem Wirtschaftshof, jeweils von Wällen und Gräben umgeben. Der Großteil des Ortes – der bereits um die Burg der Truhendinger entstanden war – liegt südlich der Straße Heidenheim-Westheim, also südöstlich der eigentlichen Burganlage, und war ebenfalls durch Wälle und Gräben gesichert. Ihre Reste sind vor allem im Westen und im Osten noch erkennbar. Im Osten ist der 20 bis 30 Meter breite Wall teilweise mehr als acht Meter hoch,

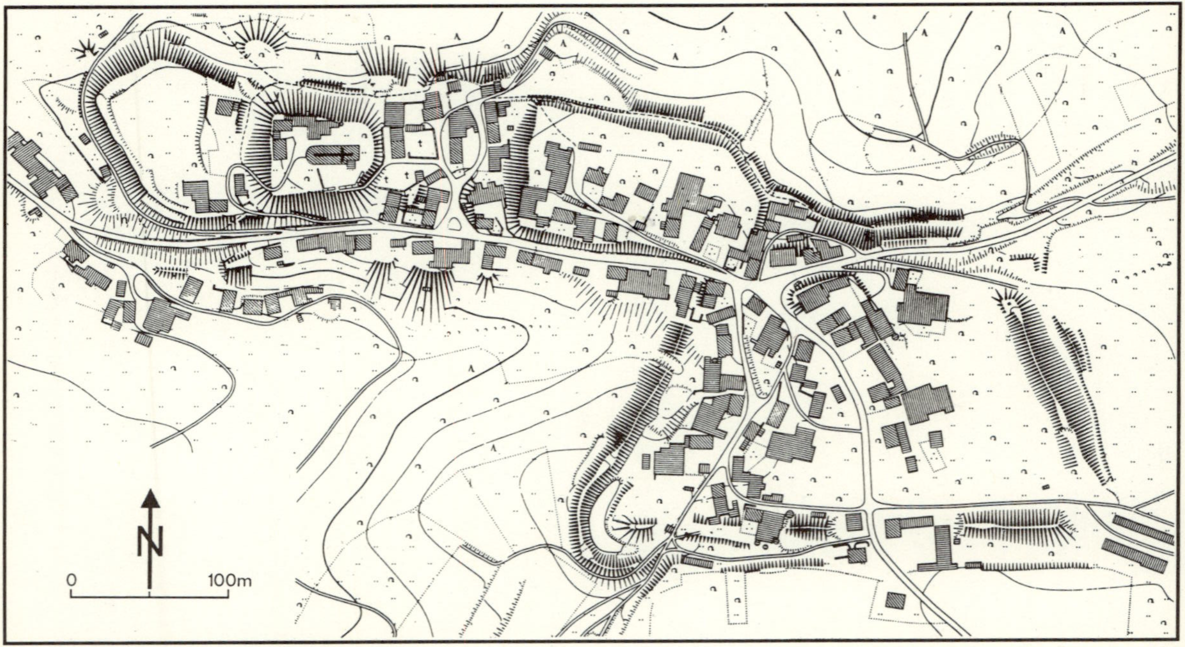

Wallanlagen von Hohentrüdingen

an anderen Stellen beträgt seine Höhe vier bis sechs Meter. Das trapezförmige Dorfareal hat eine Fläche von rund fünf Hektar. Die Umwallung war vielleicht zum Schutz einer Stadt vorgesehen, die – unter anderem aufgrund der verkehrsungünstigen Lage – dann doch nicht angelegt wurde.
Wissenschaftler stellen allerdings die Frage, ob nicht wenigstens ein Teil der heute noch sichtbaren Wälle auf eine Abschnittsbefestigung aus der Zeit um etwa 1000 v. Chr. zurückgeht. Diese Vermutung stützt sich zum einen auf die Tatsache, daß westlich unterhalb des Bergsporns ein Gräberfeld mit 55 Grabhügeln aus der Epoche zwischen ausgehender Bronze- und beginnender Eisenzeit liegt. Zum anderen entdeckte man im bis dahin unbebauten westlichsten Teil Hohentrüdingens innerhalb der Umwallung 1989 eine Opfergrube aus dem gleichen Zeitraum, in der sich unter anderem vier große Tongefäße sowie ein verzierter Tonstempel fanden. Dies sind auch Belege für eine bislang nicht näher bekannte Höhensiedlung aus der späten Urnenfelder-/frühen Hallstattzeit.

Hinweis: Folgt man dem Albrandweg B in westliche Richtung, gelangt man nach etwa 500 Metern an die südliche Ecke des Waldgebiets „Haag". Rechts im Wald findet sich das erwähnte Grabhügelfeld mit überwiegend großen und gut erhaltenen Hügeln.

36 SCHLOSSBERG BEI HECHLINGEN

An der Straße Wemding-Heidenheim nördlich der Stahlmühle parken; ein steiler Weg, teils mit Stufen, führt auf den Schloßberg (Markierung 3, Wegweiser „Schloßberg – Burgwall").

Auf einem westlich dem Hungerberg vorgelagerten Bergsporn über einer Talenge der Südlichen Rohrach hatten wohl die Freien von Stahelsberg ihren befestigten Sitz. Die Anlage dürfte aus dem 11. Jahrhundert stammen, da der Besitz der Familie von Stahelsberg bereits um 1200 an die Truhendinger überging. Diese gründeten 1245 ein Zisterzienserinnen-Kloster auf dem Schloßberg, das aber sieben Jahre später nach Zimmern im Ries – dem nachmaligen Klosterzimmern – verlegt wurde.

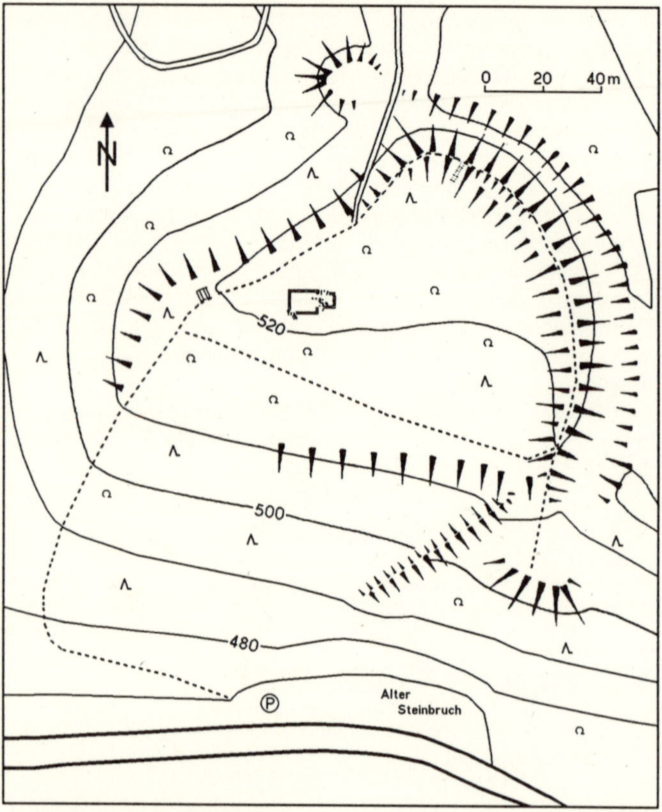

Schloßberg bei Hechlingen

Ein rund 15 Meter breiter und vier Meter tiefer, in den Fels gehauener Halsgraben trennt das Burgareal von der übrigen Hochfläche. Er verläuft in einem Halbkreis von etwa 150 Metern Länge; Schuttkegel vom Grabenbau sind am Nord- und am Südende sichtbar. Dem Graben ist westlich ein Wall vorgelagert. Seine Basisbreite beträgt rund 20 Meter und seine Höhe

über der Innenfläche etwa 2,50 Meter. Nördlich der Mitte des Plateaus wurden bereits Ende des 19. Jahrhunderts die Grundmauern einer Kapelle freigelegt, die in den 70er Jahren des 20. Jahrhunderts konserviert wurden. Der Bau von 16 Metern Länge und acht Metern Breite hatte einen rechteckigen, leicht eingezogenen Chor und gehörte vermutlich zum erwähnten Kloster.
Der Rundweg 3 führt links an der Ruine vorbei und dann nach rechts auf den inneren Wall, dem er folgt. Am Südende kann man einen Stichweg zu einem Aussichtspunkt hinabsteigen. Der markierte Weg führt über die Hochfläche zurück zum Aufstieg.

Hinweise: Auf dem Roten Berg westlich des Ortes fanden sich Scherben der „Michelsberger Kultur" aus der Jungsteinzeit, die auf eine Höhensiedlung schließen lassen. In der Nähe des Roten Berges sowie im Waldgebiet des Hungerberges liegen hallstattzeitliche Hügelgräber. Gebäudereste aus römischer Zeit sowie zwei Burgställe verbergen sich am „Kapellbuck" im Osten von Hechlingen.
Sehenswert: Ruine der St.-Katharinen-Kapelle am Kapellbuck, Zufahrt von der Straße nach Treuchtlingen. Die Kapelle aus der ersten Hälfte des 15. Jahrhunderts steht auf Resten mittelalterlicher Gebäude. Sie war ein beliebtes Wallfahrtsziel. Im 18. Jahrhundert verfiel das nach Einführung der Reformation nur noch selten besuchte Gotteshaus; Haus des Gastes, Heidenheimer Str. 3, geöffnet montags bis freitags 10--12 und 16–18 Uhr, u. a. mit Funden aus der Michelsberger Kultur und vom Kapellbuck.

37 KAPELLENRUINE AUF DEM ULBERG

Von der Straße Treuchtlingen-Hechlingen vor Auernheim beim Sägewerk nach Westen abbiegen und dem Wegweiser Wieshof folgen. 500 Meter hinter dem Hagenhof nach Süden abbiegen und im Wald bis zum Wanderparkplatz fahren (Wanderwegetafel). Von dort auf dem Weg 2 zur Kapellenruine gehen.

Die Ruine der Ulberg- oder Ulrichs-Kapelle ist der letzte sichtbare Rest sowohl eines Klosters wie auch mehrerer einstiger Siedlungen in dem großen zusammenhängenden Waldgebiet auf der Jurahöhe. Vermutlich 1144 gründete Graf Ulrich von Rechenberg ein Kloster für seine Tochter Adelheid. Die Klosterfrauen schlossen sich 100 Jahre später dem Orden der Zisterzienserinnen an. Die Kapelle dieses Klosters – dem heiligen Lambertus und der heiligen Magdalena geweiht – wurde ein gernbesuchtes Wallfahrtsziel; ein Ablaß für ihren Besuch wurde 1466 verliehen. Aus dem 15. Jahrhundert stammt auch der Bau, dessen gotische Umfassungsmauern heute noch in voller Höhe erhalten sind. Im Bauernkrieg 1525 wurde das Kloster zerstört. Ein Antrag auf Wiederaufbau 1629 – mitten im Dreißigjährigen Krieg – blieb erfolglos. In diesen Zeiten gingen dann auch die Siedlungen rund um das Kloster ein, die Ortschaft Ulberg, die Weiler Spindelweidach, Löffelmahd, Schafhaus und Blumenberg. Ein spätgotisches Holzrelief vom Ende des 15. Jahrhunderts, den Tod Mariens darstellend, gelangte aus dem Ulberg-Kloster in die kleine Kapelle des Dorfes Zwechstraß. Seit 1990 steht eine moderne Madonnenfigur im Inneren der Ruine.

38 GRABHÜGELFELD BEI DÖCKINGEN

Von der Straße Treuchtlingen-Hechlingen vor Auernheim bei der Sägmühle nach Westen abbiegen, zunächst zum Wieshof, dann Richtung Döckingen weiterfahren. Am höchsten Punkt der Straße, rund 100 Meter östlich des Waldrandes (P) führt ein Weg in das Waldstück und mündet bald auf einer Waldwiese.

Auf dem Flurstück „Im Rod" sowie in der Waldabteilung „Fichtach" liegt eines der ausgedehntesten Grabhügelfelder der Umgebung. Auf einer Fläche von rund 350 mal 500 Metern sind etwa 55 große, allerdings meist verflachte Hügel verteilt. Das Gräberfeld ist seit dem 18. Jahrhundert bekannt. Drei der Hügel wurden um 1900 erforscht. Sie wiesen Grabbeigaben von der Hügelgräber-Bronzezeit bis in die späte Hallstattzeit auf. Einer der ergrabenen Hügel barg Bestattungen aus zwei Epochen der Hallstattzeit mit widderhornförmigen Tongefäßen (im Städtischen Museum Gunzenhausen) und Waffen als Beigaben. 1987 wurden weitere Hügel untersucht, wobei wiederum hallstattzeitliche Beigaben zutage traten.

Kapellenruine auf dem Ulberg

Wallanlage auf dem Ziegelberg bei Wemding

39 BURGSTALL TRENDEL

Von der Straße Heidenheim-Wemding im Tal der Südlichen Rohrach kurz vor dem nördlichen Ortsrand von Polsingen nach Westen abbiegen und den Ort Trendel durchfahren. In einer scharfen Kurve führt die Schloßstraße nach Süden und umrundet dann die Gebäude des einstigen Ritterguts. P am Spielplatz.

Der Name des Ortes am südwestlichen Rand des Hahnenkamms kommt vom Wort „Kreisel" für die Form des Höhenrückens, auf dem Trendel liegt. Der Bergsporn zwischen dem Rohrachtal und dem Wörnitztal markierte einst den Rand eines großen Waldgebiets, daß der Eichstätter Bischof Gebhard und späteren Papst Viktor II. im 11. Jahrhundert von Kaiser Heinrich III. geschenkt erhielt. Die Herren von Trendel, 1150 erstmals urkundlich genannt, unterstanden den Bischöfen von Eichstätt. Sie ließen einen Teil des Waldes „Sachsenhart" roden und legten dort Burg, Gut und Siedlung Trendel sowie den Weiler Mäuskreut an. Aus der Familie stammten Eichstätter Domherren sowie eine Richinza de Tremmelen, die im 12. Jahrhundert als Nonne auf dem Odilienberg im Elsaß lebte.

Nach dem Erlöschen des Geschlechtes von Trendel gelangten Burg und Dorf an die Grafen von Oettingen, die den Besitz verschiedenen Familien zum Lehen gaben. Die Burg wurde nicht mehr bewohnt und zerfiel wohl bereits im 14. Jahrhundert. Die Flurnamen „In der Bürg" und „Burggarten" erinnern an den Burgstall. Die Burg lag auf der Anhöhe unmittelbar südlich der heutigen Schloßstraße. Nur eine künstliche Versteilerung des Nordhanges sowie im Norden und Westen eine davor verlaufende Terrasse lassen die einstigen Befestigungen erkennen; auch der Standort des Bergfrieds oberhalb eines Weihers läßt sich noch erahnen.

Das Gut Trendel gelangte nach vielfachem Besitzerwechsel an die Familie von Appold. Eine Tafel in der Kirche von Trendel erinnert an einen Herrn von Appold, der im diplomatischen Dienst geadelt worden war. Die heute in Privatbesitz befindlichen Gebäude des „Schlosses" – der hohe, steilgiebelige Fachwerkbau des Wohnhauses sowie starke Mauern des Wirtschaftshofes – wurden restauriert.

Sehenswert: Bevor sich die Ortsstraße scharf nach Süden wendet, zweigt nach rechts (Nordwesten) ein Hohlweg ab (Markierung: Geologischer Pfad) und führt zum rund 150 Meter entfernten „Riesblick".

40 WALLANLAGE AUF DEM ZIEGELBERG BEI WEMDING

Von der Straße Wemding-Wolferstadt beim Wegweiser „Waldsee" nach rechts (Osten) abbiegen und bis zum Parkplatz am See fahren. Vorbei an einem kleinen ehemaligen Steinbruch erreicht man den Beginn des Sportpfads. Rechts die Treppen (in Gegenrichtung des Sportpfads) hinaufgehen. Kurz vor der Station 19 in spitzem Winkel nach rechts abbiegen. Der Weg führt in weitem Bogen zu einem Wall und durchschneidet ihn.

Die rechteckig-ovale Wallanlage, im Volksmund „Bauernschanze" genannt, ist möglicherweise der Rest einer mittelalterlichen Burg der Herren von See. Wahrscheinlich Ende des 14. Jahr-

Wallanlage auf dem Ziegelberg bei Wemding

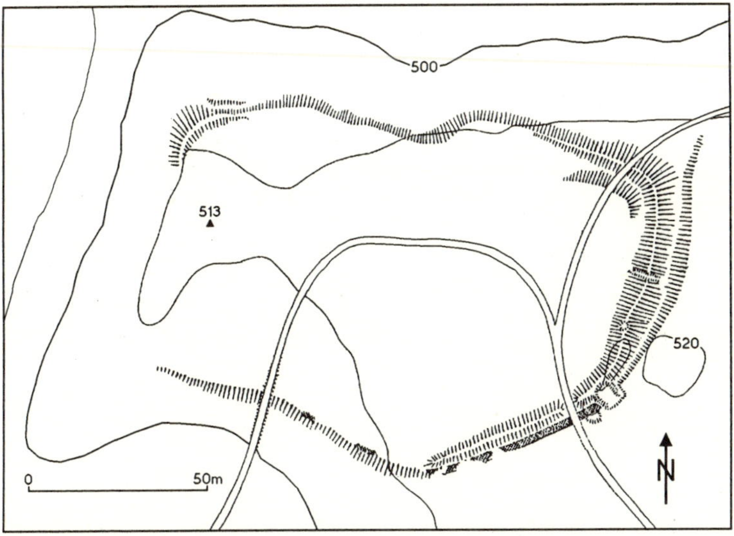

hunderts wurde diese Burg aufgegeben. Die annähernd ovale Anlage hat eine Ost-West-Ausdehnung von rund 140 Metern, von Nord nach Süd mißt sie etwa 80 Meter. Die Wälle aus Trockenmauern schließen zwei leichte Kuppen ein. Der östliche Querwall wird von einem Graben begleitet, im Westen ist der abfallende Steilhang nicht durch Mauern gesichert.
798 schenkte Karl der Große dem Kloster St. Emmeram in Regensburg den Ort Wemding; ab 900 war Edelfrau Winpurc aus Nördlingen Lehensträgerin. 975 wurden die Wemdinger Besitzungen des Klosters St. Emmeram von denen des Bistums Regensburg getrennt. Um 1000 waren die Edlen von Wemding, die oben genannten Herren von See, Lehensträger der klösterlichen Besitzungen, die Herren von Werd (= Donauwörth) die der bischöflichen Güter. Ab 1200 erhielten die Grafen von Hirschberg Wemding zu Lehen, die Ritter von Wemding waren immer noch Verwalter. 1306 kauften dann die damaligen Grafen von Oettingen den Ort Wemding und erhoben ihn 1348 zur Stadt.
Man kann entweder den Hinweg zurückgehen oder am Wall entlang weiterlaufen. Zunächst folgt man dem breiten Weg und hält sich dann links auf dem schmalen Weg. Am Steilabfall oberhalb des kleinen Steinbruchs wendet man sich nach rechts in den Wald hinein und hat bald die Treppen wieder erreicht.

Hinweis: Zur Abschnittsbefestigung auf dem Hühnerberg von der Straße Wemding-Harburg nördlich der Schwalb Richtung Fünfstetten (Osten) abbiegen. Kurz nach der Einmündung des Sträßchens von Lommersheim zweigt rechts (Süden) ein Waldweg ab (P). Auf dem Waldweg in südsüdöstlicher Richtung zum Hühnerberg gehen, dessen Gipfel links liegen lassen. Kurz nachdem der Weg scharf nach rechts (Westen) abbiegt, schneidet er den hier sehr verflachten Abschnittswall; links setzt sich dieser deutlicher im Unterholz fort, rechts kann man ihm für einige hundert Meter folgen. Bei dem Abschnittswall auf einem Bergsporn oberhalb der Schwalb handelt es sich vermutlich eine unvollendete mittelalterliche Anlage.
Sehenswert: Die mauerumwehrte Altstadt von Wemding; St.-Emmeram-Kirche; Heimatmuseum im Haus des Gastes (mit Grabungsfunden), geöffnet dienstags 14.30– 16 Uhr, sonntags 14–16 Uhr, Führungen nach Vereinbarung, Tel. (09092) 8001 und 8222; die Wallfahrtskirche „Maria Brünnlein zum Trost" westlich der Stadt.

41 KELTENWALL AUF DEM BURGBERG BEI HEROLDINGEN

Von der Straße Wemding-Harburg entweder in Huisheim oder vor Ronheim nach Heroldingen abbiegen. Etwa 250 Meter vom südlichen Ortseingang entfernt am Rand eines bewaldeten Hanges nach Nordosten auf einem Feldweg bis zur ersten Abzweigung rechts fahren (P). Dann den Hohlweg zur Hochfläche hinaufsteigen.

Der bewaldete Burgberg am Südrand des Nördlinger Rieses birgt eine Befestigungsanlage, die nach ihrer Lage und Beschaffenheit eine stadtähnliche keltische Siedlung vermuten läßt. Zufallsfunde deuten darauf hin, daß der Burgberg seit dem Ende der Jungsteinzeit bewohnt war. Eine erste Befestigungsanlage entstand wohl in der Urnenfelderzeit, jedoch wahrscheinlich in einem geringerem Umfang, als die Wallreste es heute zeigen. Eine am Nordwall aufgelesene Graphittonscherbe und das Zangentor lenken das Augenmerk auf die Kelten. Die nächstgelegene Siedlung aus der späten Latènezeit liegt westlich vom Haupttor der Umwallung an der Wörnitz, südlich von Heroldingen, in der Flur „Kalbläcker". Bei dem Wall handelt es sich mit größter Wahrscheinlichkeit um eine holzverstärkte Trockenmauer mit einer innen angeschütteten Erdrampe, also ein Bauwerk nach keltischer Art.

Das erwähnte Zangentor – der alte Hauptzugang der Befestigung – liegt im Westen des Ringwalls. Seine südliche, nach innen geknickte Torwange ist durch einen neuzeitlichen Hohlweg angeschnitten und kaum mehr im Gelände auszumachen. Die nördliche Torwange ist zwar verflacht, aber auf etwa 17 Meter gut zu erkennen. Die in etwa rechteckige Grundfläche ist in ihrer größten Ausdehnung von ungefähr 650 auf 400 Meter wegen starker Unebenheiten und dem Baumbestand nicht überschaubar. Im Norden ist der Wall noch am besten erhalten; er ist hier stellenweise an seiner Basis bis zu 15 Meter breit. Seine Höhe kann an der Außenseite bis zu sieben Meter erreichen; häufig – vor allem im Süden und Südosten – ist er jedoch nur noch als versteilerte Hangkante zu erahnen.

Blick vom Rollenberg auf den Burgberg und Keltenwall bei Heroldingen

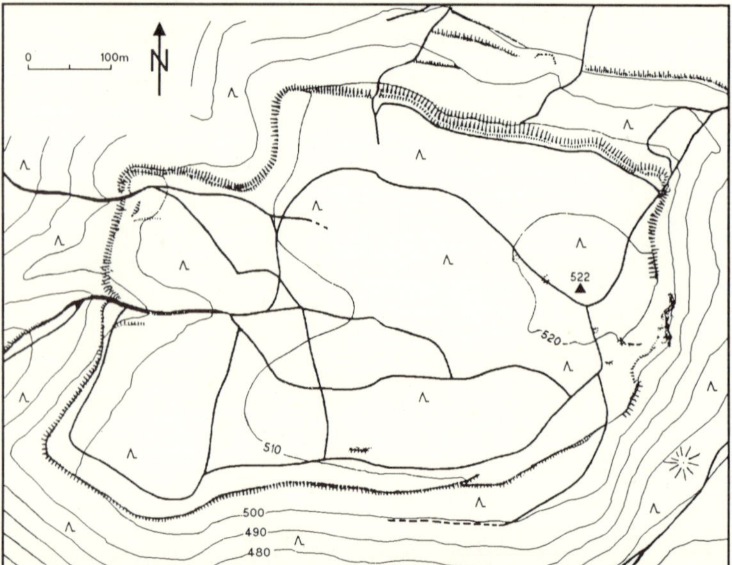

Die Ostseite wurde wegen des steilen Hanges und der vorhandenen Felsklippen nicht mit einer mauerartigen Bewehrung versehen. Wenn überhaupt, war die Siedlung dort wohl nur durch eine Holzkonstruktion relativ schwach gesichert. Des öfteren schneiden moderne Fahrwege den Wall. Der Weg, der sich ungefähr in der Mitte der Nordflanke befindet, nutzt aber möglicherweise eine alte Zugangsstelle.
Häufig wird diese Befestigung zu den keltischen Oppida in Bayern gezählt. Die wenigen Erkenntnisse sprechen dafür, auch wenn erst eine wissenschaftliche Untersuchung größere Gewißheit schaffen könnte. Beeindruckend ist ein Spaziergang auf dem Ringwall auf jeden Fall.

Hinweis: Über Hoppingen oder über die Egermühle jenseits der Wörnitz und das Sträßchen, das beide Orte verbindet, erreicht man den Rollenberg; ein Feldweg führt die halbe Höhe zum kahlen Plateau hinauf. Die Kuppe mit Trockenrasen und Wacholdersträuchern ist als Naturdenkmal geschützt. Der vorgeschichtliche Ringwall des Rollenberges sicherte zusammen mit dem des gegenüberliegenden Burgberges einen alten Verkehrsweg durch den schmalen Durchbruch der Wörnitz aus dem Rieskessel. Das Gipfelplateau, dessen Befestigung noch am besten im Osten erhalten blieb, bietet einen weiten Blick über das Ries bis zum Ipf und zum Hesselberg.

42 WELLWART-FELSEN BEI HARBURG

Auf der Straße östlich der Wörnitz – parallel zur Bundesstraße 25 – Harburg Richtung Brünsee verlassen. Nachdem sich die Straße vom Fluß getrennt hat, sieht man rechts den hohen Burgstall. Wenn man südlich der Anhöhe in einen Feldweg zur Wörnitz einbiegt (P) und rund 500 Meter in nördliche Richtung geht, erreicht man den Fuß des Wellwartfelsens.

Die mächtige Harburg über dem Westufer der Wörnitz wurde 1150 erstmals erwähnt. Etwa gleichzeitig ist wohl auch die Burg der Edelfreien von Wellwart (Wöllwarth), 1140 beurkundet, entstanden. Sie sollte wahrscheinlich der Sicherung der wichtigeren Reichsburg von Süden her dienen. Die Burg war bis in die zweite Hälfte des 17. Jahrhunderts hinein bewohnt. Ihre Reste brach man ein Jahrhundert später vollständig ab.

Die Burg lag auf einer steilen Felsklippe. Eine Ringmauer sicherte die Hauptburg, die durch einen Halsgraben von der Vorburg getrennt war. Die Fundamente des Wohnturms zeigten einen unregelmäßig fünfeckigen Grundriß. Dies ergab eine Untersuchung des Burgstalls 1927; dabei fand man auch Scherben aus der Zeit vom 13. bis ins 17. Jahrhundert.

Sehenswert: Schloß Harburg, eine der besterhaltenen Anlagen Süddeutschlands, mit den Fürstlich Oettingen-Wallersteinschen Sammlungen im Fürstenbau. Geöffnet 16. März bis 30. September täglich außer montags 9–11.30 und 13.30–17.30 Uhr, bis 31. Oktober nur bis 16.30 Uhr, vom 1. November bis 15. März geschlossen. Tel. (09003) 1211 oder 545.

43 ARCHÄOLOGISCHES MUSEUM DONAUWÖRTH

Das Archäologische Museum wurde 1981 im Dachgeschoß des Tanzhauses an der Reichsstraße eröffnet. Das historische Gebäude war nach Kriegszerstörungen 1975 wiedererrichtet worden. Das Museum ist samstags, sonntags und feiertags von 14–17 Uhr geöffnet. Führungen nach Voranmeldung Tel. (0906) 789-148 oder -145.

Altsteinzeitliche und jungsteinzeitliche Artefakte, wertvolle Funde aus der Urnenfelderzeit, Gefäße und Radnabenbleche aus der Hallstattzeit, Eisenbarren und ein Langschwert aus der Latènezeit sowie viele römische Metallgeräte und Terrakotten sind in diesem kleinen, aber gründlich informierenden Museum ausgestellt. Dazu kommen Darstellungen der Bearbeitungsmethoden von Werkstoffen, Reliefkarten, alte Fundberichte, Großdias, die Rekonstruktionen eines hallstattzeitlichen Wagengrabes und einer alamannischen Bestattung sowie Modelle einer römischen Villa und Gegenstände aus dem Alltag der Römer. Auch die Luftbildarchäologie ist mit einigen Beispielen vertreten.

Hinweis: Im Donauwörther Forst fanden sich fünf Grabhügelfelder, davon drei mit über 40 Hügeln. Sie wurden durch die Sturmschäden des Jahres 1989 schwer in Mitleidenschaft gezogen. Auch unbeschädigte Grabhügel sind heute aufgrund der Anlage von Schonungen schwer auffindbar.

Im Archäologischen Museum Donauwörth

Literatur

Bayer. Landesamt für Denkmalpflege (Hrsg.), Das archäologische Jahr in Bayern, Stuttgart/Aalen, Jahrgänge 1980–1990

Frei, Hans, u. G. Krahe, Archäologische Wanderungen im Ries, Führer zu archäologischen Denkmälern in Bayern, Schwaben 2, Stuttgart/Aalen 1988[2]

Geiges, Leif, u. A. Lang, Altmühlfränkisches Mosaik, Freiburg i. Br. 1982

Grönke, Eveline und E. Weinlich, Spätmittelalterliche Tonfigürchen aus Weißenburg, in: villa nostra – Weißenburger Blätter 1/1991, Weißenburg 1991

Grohsmann, Lore, Weißenburg in Bayern, Weißenburg 1979[2]

Heimat- und Bäderverein Treuchtlingen (Hrsg.), Heimatbuch Treuchtlingen, Gunzenhausen 1984

Hüssen, Claus-M., und J. Mang, Altmühlfranken aus der Luft,Treuchtlingen 1987

Im Weißenburger Land, München o.J.

Keller, Walter E., Geschichte und Gemeinde, Treuchtlingen 1976

Keller, Walter E. (Hrsg.), Ferienlandschaft Hahnenkamm, Bamberg 1981

Keller, Walter E. (Hrsg.), Altmühltaler Geschichten, Treuchtlingen 1990[2]

Keller, Walter E., Der Karlsgraben, Treuchtlingen 1993

Landkreis Donau-Ries (Hrsg.), Landkreis Donau-Ries, Donauwörth 1991

Landkreis Gunzenhausen (Hrsg.), Landkreis Gunzenhausen, München/Assling 1966

Lill, Georg (Hrsg.), Die Kunstdenkmäler von Bayern, Regierungsbezirk Schwaben III, München 1951

Milojcic, Vladimir, Ergebnisse der Grabungen von 1961–1965 in der Fuldaer Propstei Solnhofen an der Altmühl (Mittelfranken), Berlin 1968

Rathsam, Wolfgang, Wettelsheim – 5000 Jahre Geschichte eines Dorfes an der Rohrach, Gunzenhausen 1991

Schlecht, Georg, Wemding – Führer durch die liebenswerte Kleinstadt, Wemding 1987

Schrenk, Johann, Fränkisches Seenland, Treuchtlingen 1991[2]

Schuh, Robert, Historisches Ortsnamenbuch von Bayern – Mittelfranken, Bd. 5 Gunzenhausen, München 1979

Schußmann, Markus, Die Kelten in Bayern, Treuchtlingen 1993

Somplatzki, Werner, Jäger, Sammler und erste Bauern – Frühe Geschichte des Altmühltals zwischen Ehlheim und Lengenfeld, Treuchtlingen 1990

Spindler, Konrad (Bearb.), Landkreis Weißenburg-Gunzenhausen, Archäologie und Geschichte sowie Denkmäler und Fundstätten, Bd. 14 und 15 der Führer zu archäologischen Denkmälern in Deutschland, Stuttgart/Aalen 1987

Spindler, Max (Hrsg.), Bayerischer Geschichtsatlas, München 1969